田原総一朗
ジャーナリスト

公明党に問う この国のゆくえ

山口那津男
公明党代表

毎日新聞出版

公明党に問う
この国のゆくえ

はじめに――田原総一朗

私が公明党に強い関心を抱いたのは、1993年に細川護熙《もりひろ》連立政権が発足したためであった。1955年以降、38年間にわたって単独で政権を握ってきた自民党の支配体制が崩壊したのだ。

そして、細川連立政権の中軸となったのは、自民党を離脱した小沢一郎氏と、公明党書記長、市川雄一氏であった。細川政権はいわゆる「一・一コンビ」が操っていると称されていた。そこで1992年、私はある雑誌のインタビューで市川氏に「なぜ小沢氏を信頼するのか」と問うたことがある。

「彼はうそをつかない。本音を話す。こっちに話したことを後でひっくり返すということが、まずない。その意味では極めて珍しい政治家です」

しかし、小沢氏が自分の思惑で同志への説明なしに独走して一・一コンビは破綻した。

その後、一・一コンビへの怨念があってか、自民党は公明党を目の敵にして叩きに叩いてきたのだが、1999年10月5日に自民党、自由党、公明党による連立政権が発足した。小渕恵三総理のときであった。

なぜ公明党は、目の敵にされてきた自民党と連立政権を組むことになったのか。連立を組むことで公明党は変わったのかどうか。

そして、小泉純一郎内閣のときなど、少なからぬマスメディアが公明党のことを「自民党の下駄の雪」、つまり踏まれても、踏まれてもついていくなどと揶揄《やゆ》したが、そのあたりを山口那津男代表はどのように捉えているのか。

2003年にアメリカはフセイン独裁政権に制裁を加えるためにイラクへの軍事介入を開始した。フランスやドイツなどは戦争に反対し、支持したイギリスでも国民の反対の声は高かった。それに対して小泉総理はイラク戦争が開始されるや、ジョージ・W・ブッシュ大統領の武力行使に賛意を示し、なんと自衛隊をイラクに派遣した。

このとき、公明党は自民党に同調し、神崎武法《たけのり》代表（当時）がイラクに飛んでいる。何のためにイラクに行き、何を確かめようとしたのか。

小泉内閣の後、自民党のどの総理大臣も、それぞれ1年程度しかもたず、その揚げ句、

2009年8月の衆議院議員総選挙で民主党に政権を奪取された。これはいったいなぜなのか。自民党はなぜ国民に見限られたのか。

またこの時期、公明党はどのように振る舞ったのか。公明党もかなり議席を失ったのではないか。そして野党時代に、山口代表は国民に向けてどのような努力をしたのか。

3年後の2012年12月、自民党は政権を取り戻し、安倍晋三氏が再び総理大臣に就任した。総理が返り咲くのは吉田茂氏以後まったくなかったことだが、なぜ安倍氏はそれを実現できたのか。

返り咲いた安倍総理の最も重大な任務は安保法制の改革で、その主軸は集団的自衛権の行使を認めることであった。それまでの歴代内閣では、集団的自衛権行使を認めるのは憲法違反とされてきた。専守防衛に反するというのである。

私は小泉総理の時代に、元外務省幹部で外交問題の実力者である岡崎久彦氏と長時間話した。岡崎氏は「実は、冷戦が終わって困ったことになった」と話し始めた。冷戦時代の岸信介《のぶすけ》総理が結んだ片務的な日米関係では、日米同盟を持続することができないというのである。そして、どうしても集団的自衛権行使を認めなければならないと強調した。具体的には本文で記すが、岸氏の孫で次の総理大臣となる安倍氏に何としても実現させたいと何度も繰り返した。

しかし、集団的自衛権の行使容認について、野党はもちろん憲法学者やマスメディアの大半が批判的であり、憲法違反であると強く反対した。この問題について山口代表の具体的な説明をぜひ聞きたい。

2016年9月に安倍総理は私に「集団的自衛権行使を認めたら、アメリカは満足して何も言わなくなった。だから憲法改正の必要はない」と言い切ったのだが、その翌年から憲法改正を唱え始めた。このことを山口代表はどのように捉えているのか。なるべく具体的にお聞きしたい。

そして現在、世界中を空前の混乱に陥れているコロナ・ショックを、公明党は、山口代表はどのように捉え、どのように対応すべきだと考えておられるのか。はっきり言って、政府のやり方はその場その場の戦術であり、基本戦略がないと思えるのだが、いかがなものだろう。

最後に、公明党は日本をどのような国にしようとしているのか。山口代表のビジョンをお聞きしたい。

公明党に問う この国のゆくえ／目次

第2章 自公連立20年

第3章 新型コロナウイルス感染症対策

第4章 憲法改正、安保法制、外交政策

第5章 社会保障政策

ブックデザイン・年表　鈴木成一デザイン室
著者写真　髙橋勝視（毎日新聞出版）
編集協力　阿部えり
DTP　センターメディア

第1章

公明党とはどのような政党か

地方のネットワークを生かした政策づくり

党代表自らが、治安情勢を視察のためイラクへ

田原総一朗（以下・田原）　山口さんと初めて会ったのは、僕が司会をしている「朝まで生テレビ！」に出演してもらったときかな。

山口那津男（以下・山口）　そうです。私が衆議院議員に初当選してすぐのことでしたから、多分1990年か、1991年ごろのことだったと思います。何か発言しようとすると、「お前、黙っていろ」という感じで、ほとんどしゃべらせてもらえませんでした。とにかく怖かったことだけはよく覚えています。

田原　あの頃は大島渚とか野坂昭如《あきゆき》とか、手ごわい連中がたくさんいたから。

山口　番組で田原さんにコテンパンにやっつけられると、党の先輩や支持者の方から、もう二

度と出るな、次は支持しないぞなど辛辣《しんらつ》な声が届くんですよ。よし、次はへこたれず田原さんに向かうぞと気合を入れながらトライする。番組ではその繰り返しでした。

田原 いやいや、最近は僕もまるくなってきましたよ（笑）。今回はじっくり話を聞かせてもらおうと思っています。まず、山口さんは弁護士から政治家に転身したと聞いていますが、そもそも、なぜ政治家を目指そうと思ったの？

山口 法律を使って困っている人、苦しんでいる人を助けるという意味では、政治家も弁護士も変わりません。弁護士は誇れる職業だと思い取り組んでいましたし、実際、そうして多くの人を助けてきたという自負もあります。しかし、今、目の前にいる人は自分が一生懸命頑張れば助けてあげられるかもしれないけど、同じような問題で苦しんでいる人は全国にまだまだたくさんいる。一人の弁護士が助けてあげられる人数には限界がありますよね。しかし、いい法律や予算措置ができれば、いっぺんに大勢の人を救うことができるのではないか、そう考えるようになったのです。

田原 そう思ったのは、何かきっかけがあった？

山口 強く実感したのはサラ金問題です。取り立てが厳しくて夜逃げする、一家心中する、そういう事件が続発していた時代がありまして。だけど、1983（昭和58）年に「貸金業規制法」（現在は貸金業法）、いわゆるサラ金規制法が制定され、取り立て可能な時間や上限金利などが厳しく規制されることになりました。そうしたら、夜逃げや一家心中事件の数が、ゼロにはならないまでも、減ったのです。法律が制定されたことで多くの人が悲惨な状況から救われた。そのとき、政治の果たす役割、国会議員の果たす役割は大きいと実感しました。それともう一つ、弁護士は法律がなければ、新しい問題に対する解決策を見つけられません。つまり、国会に法律や予算をつくってもらう以外に救済する道具がないということのもどかしさも感じていまして。でも、政治家ならそれができるかもしれない、ならば、挑んでみようと決断したわけです。

田原 誰かに誘われたりもしたんですか？

山口 法曹界の先輩でもある神崎武法さんに口説かれました。1988年に、公明党は定年制を設けることで世代交代をはかり、新しい時代の政党をつくっていきたい、だから、君も新しい力になって一緒にやってみようと誘われまして。神崎さんのその構想に賛同したことも大きな理由です。

田原 神崎という男の面白いところは、何でも自分で試してみることだね。2003年、小泉純一郎内閣のとき、イラクに自衛隊を派遣することになった。彼はあのとき、陸上自衛隊の派遣予定地になっていたイラク南部のサマワに自ら入って、現地の治安情勢を確かめてきたんだよね。

山口 そうです。現地を訪ねて、危険極まりないところではないことを自分の目で確かめて、そのうえで日本がイラクで人道復興支援をすることには意味があると、小泉総理に報告したのです。

田原 その話を聞いて、いやあ、彼は偉いと思った。自分が行くなんて、なかなかできることじゃない。

山口 公明党は現場第一ですから。若い頃は、政治家は脂ぎっていて、うそつきで、権力欲にとりつかれて……、そういうイメージばかり持っていました（笑）。だけど、実際自分が政治の世界に入ってみて、いや、それは違うと改めて感じました。

公明党の基盤を支える地方議員の活躍

田原 公明党の結党は1964年ですね。

山口 そうです。当時の日本は高度経済成長の真っただ中でした。自民党は大企業、社会党は労働組合をバックに、二元的なイデオロギー（思想）対立が強く、国会ではけんかばかり。誰も市民の生活なんか考えてくれない。特に中小企業で汗まみれになって働いている庶民は置き去りにされていました。そうした人たちの声を受け止めるのが公明党の役割だったのです。例えば、隅田川（東京都）が臭くてたまらないと聞けば、何か原因があるはずだと調査をし、解決策を模索する。同様に、四日市ぜんそくも水俣病も、みんな高度成長の犠牲になっているということを専門家と一緒に丹念に検証し証拠を積み上げ、政府を追及。単に責めるだけではなく、変えるべき方向性を示して、切り開いてきたのが公明党です。中でも特に頑張ってきたのは国会議員ではなく、地方議員です。

田原　当時、地方議員は何人ぐらいいたんですか。

山口　公明党の前身は1961年につくられた公明政治連盟という政治団体でした。公明政治連盟は地方選挙からスタートし、1964年に公明党を結党した時点ですでに地方議員が1000人近くいました。

田原　それはすごい数字だ。

山口　都道府県の議員より、むしろ市町村の議員を中心に公明党の基盤がつくられたと言えます。公明党の持ち味というのは全国にネットワークを形成していること。大都市だけではない、地方だけでもない、全国に満遍なく存在している、そのネットワークを政策に生かすというやり方をいつも取ってきました。実はきょう、田原さんにお見せしようと思って、本を1冊お持ちしたんですよ。

田原　どれどれ、何の本ですか？

山口　辻陽《あきら》さんという大学教授が著した『日本の地方議会　都市のジレンマ、消滅危機の町村』（中公新書）です。これは地方議会の典型的な活動について書かれた本なのですが、ここで公明党の市会議員の日常が取り上げられています。その理由として、市民に一番身近な役割を果たすのが地方議員であり、とりわけ、精力的に活動しているのは市会議員だと。その市会議員の中でも一番議員数が多いのが公明党であり、市政の鍵を握っているケースが比較的多い。もちろん、自民党とともに担っていることも多いけれど、議会によっては、自民党が安定多数を持っていないところもあるし、保守系が多くても、自民党ではなく、無所属ばかりのところもあります。そういう人たちはグループで分かれているため、どうしても連携がうまくいかない。そこで公明党の市会議員が合意をつくり、議会を束ねる役割を果たすことが多くなります。だから、地方議会を知るためには公明党の市会議員にインタビューするのが近道だということになったのでしょうね。

田原　なるほど、実証的な研究テーマの対象として取り上げられているわけだ。

山口　そうです。本の中では「24時間365日議員」というタイトルで、ある公明党の市会議員の活動が紹介されています。市会議員の仕事として、まず議会活動というものがあります。それに加え、一般の議員としての活動もあります。公明党の議員は市民相談がとにかく多い。これはもう公明党の伝統なのですが、みなさん、さまざまな相談を持っていらっしゃいます。借金問題、子どもの教育、仕事の悩みなど、あらゆる相談を受けつけて、市の行政の範囲で解決できることであれば、すぐに助けてあげる。もし、解決しきれなければ県会議員に相談する、国会議員に相談するなどしながら、一人ひとりの相談者に対応しています。

田原　当然、選挙のときは駆り出されるわけでしょう。

山口　もちろんです。政党に所属する議員としての一番大きい活動は選挙です。自身の選挙をはじめ、県会議員選挙があれば、市会議員は国政選挙同様、それを手伝います。そこで議席を確保して、党のつくった政策を実現させるのが政党の大事な役割ですから。議会活動、市民相談などの議員活動、それから選挙活動、この三つの活動を議員として日常的に、それこそ私生活と切れ目なく行っています。

田原　それじゃあ自分の時間なんかなくなっちゃうでしょう。

山口　おっしゃる通りです。市会議員の仕事はきりがありません。やればやるほど仕事は増える。けれど秘書はいないし、活動費も限られている。しかも、報酬も決して十分とは言えないわけです。そういう中で議員たちは自己犠牲的に活動している面があると、著者の辻さんは書かれています。まさに〝24時間365日〟、本当に絶え間なく仕事があり、必死に取り組んでいても、それをバックアップする基盤があまりに弱い。これでいいのかという問題提起も本の中でなされているのです。

公明党議員に序列は存在しない

山口　公明党内では国会議員も県会議員も市会議員も、序列なんかありません。みんな一兵卒。極端なことを言えば、「山口さん、うちのトイレの換気扇が回らないから、これをちょっと直してちょうだいよ」という声が来たり、「幼児教育無償化をもっとちゃんとやりなさいよ」という意見が町会議員に届いたりすることもあります。そうした声を党内で共有し、全員で解決策を考える。その結果、国政でつくられた政策を地方で実践するのです。ただし、不足しているところも出てくるので、地方でできることがあれば、それを補うようにします。その典型例が、私立高校の授業料の実質無償化です。全国の都道府県に支援制度があるけれど、各自治体がバラバラに学費支援をしている。ならば、国でベースをつくるべきだということを強く推して、国が支援する制度をつくりました。そうすると、自治体には国からいくらかお金が入りますから、今まで使っていた予算は別のことにまわすことができます。そうやって国と地方が連携し、立体的に無償化を推進できる、これがネットワークを生かせる一番の醍醐《だいごみ》味ですよ。

田原 東京都でそれをやったのは、公明党ですか。

山口 はい。そういう例はほかにもありまして、最初に着手したのは、今や当たり前のようになっている児童手当です。高度経済成長期、都市部にどんどん働く人が集中する。しかも、ベビーブーマーが子育て世代になっているから、子どもが増える、学校が膨らむ、住居が足りない、交通が混雑する。そうした高度経済成長のひずみがたくさんありました。そこで、公明党は児童手当をつくるべきだと主張したのです。最初は1968年4月からの千葉県市川市、新潟県三条市で、次が東京都、いずれも公明党の地方議員が提言し、実現しました。それが徐々に各自治体に広がったところで、これはやはり国の制度でやるべきだと推進したのが、野党時代の公明党です。じゃあこれを、ほかの党ができるかというと、なかなか難しい。地方の場合は首長と議会が二元代表制を取っているため、別々の選挙で選ばれることになり、与党か、野党かという括りには必ずしも当てはまらないのです。公明党が首長を推薦して当選させることも多く、そうすると公明党が自治体内で一定の勢力、発言力を持つことになるので、議会と首長の足並みが揃い、地方でも政策が推進されていきます。特に地方で保守系無所属、自民党系と立憲民主党、野党系が対峙《たいじ》していると、公明党がキャスティングボートを持つなどという議会もあるわけです。そうすると、そのローカル政治のカギを握るのは公明党ということになります。地方も含めた政治全体における縦軸、横軸のネットワークを広げていて、それを政策に生かせているのは公明党しかいないんですよ。

田原　だから、安倍晋三さんは公明党の言うことをよく聞くんだ。自民党政権が維持できているのは公明党のおかげなんだよ。

山口　田原さんもご存じだと思いますが、公明党の伝統的な活動の一つに総点検運動というものがあります。総点検という言葉通り、すべての課題を現場で洗いざらい調べようというもので、在日米軍基地問題や公害問題、住宅問題、税制問題など、国民の関心の高い問題を丹念に調査し、政府の姿勢を追及してきました。以前、沖縄の基地問題を扱ったときには、漁船を借り切り、明け方の暗いうちに基地のある沖合までそーっと近づき、双眼鏡でのぞきながら実態を調べました。そこで、事実をつかんだうえで、政府を追及するのです。野党時代にはそうした総点検を重ねながら、大きな政策を推進してきたという歴史があります。

田原 まさに現場主義ですね。

山口 国民の琴線に触れるような、地に足のついたアイデアというのは自民党からはなかなか出てきません。口を開けば、憲法改正、日米同盟、安保法制で、もちろんそれも大事なことですが、今、国民が困っているのは、例えば新型コロナウイルスに子どもや高齢者が感染したらどうしよう、学校が急に休みになって面倒を見る人がいない、お父さんが失業してしまい暮らしが立ち行かない、そういうことなのですよ。例えば年金もそうですが、以前は加入期間（受給資格期間）が25年なければ受給資格は得られなかった。でも、2017年に加入期間が10年に短縮されました。それを受けて公明党は、25年に満たないため無年金だった高齢者に対する年金の支給を前倒しできるよう推進し、実施されることになりました。満額ではありませんが、それでも、これで助かったという人はたくさんいるはずです。そういうことが結果として見えてくることは喜びですよね。それが、また次の原動力になるのです。

公明党と創価学会の関係

突如巻き起こった「政教一致」論争

田原　そうやって公明党が政治の世界で存在感を増していくと、政教一致なんてことが話題になる。

山口　憲法が定める政教分離の原則というものは、権力を持つ政府側が特定の宗教団体に介入したり、差別的な扱いをしたりしてはならないというのが基本です。特定の宗教団体を応援するような目的を持って活動してはいけない、また、宗教団体側を助長、圧迫、差別するようなこともしてはいけないという最高裁判所の判決もあります。選挙において、宗教団体側、あるいは宗教を持つ側の人間がどの政党を応援するか、誰を支持するかの自由は、憲法15条1項にある「公務員の選定罷免権」、21条の「表現の自由」で保障されているものなのです。

１９９５年12月、宗教法人法の改正が行われた。複数の都道府県で活動する宗教団体の所轄が都道府県から文部省（現・文部科学省）となり、監督が強化された。同年、オウム真理教が引き起こした一連のテロ事件を受けて、こうした宗教団体による犯罪を未然に防ぐことが目的であったが、この法改正を旧公明党勢力・創価学会叩きに利用する動きも見られるようになった。しかし、１９９９年、大森政輔内閣法制局長官が国会答弁で、「憲法の政教分離の原則とは、信教の自由の保障を実質的なものとするため、国及びその機関が国権行使の場面において宗教に介入し、または関与することを排除する趣旨である。それを超えて、宗教団体が政治活動をすることをも排除している趣旨ではない」と発言。憲法が規制しているのは、国家権力が宗教団体の活動に介入することであると明らかにされた。

田原　そもそも政教一致を言い出したのは、自民党が公明党をやっつけるためのものだったわけだよ。

山口　確かに、そういう側面もあったかもしれませんね。

田原　ドイツのメルケル政権はキリスト教民主同盟が与党だし、アメリカの大統領は就任式で聖書に手を置いて宣誓しているじゃない。

山口　おっしゃる通りです。創価学会が公明党の候補者を、あるいは、公明党という政党を支援するというのは何ら憲法違反ではないということは、1999年の内閣法制局長官の発言からも明確になっています。ただ、歴史を振り返ると、ヨーロッパでは教会が課税や徴収など、本来なら政府がやるべき活動を代行していた時代がありました。つまり、国家権力の代行のようなことを宗教団体が行ったわけですね。しかし、現代の議会制民主主義のもとでは、創価学会が自由に政治活動を行った結果、公明党の議員が増えたところで、公明党が直接国家権力を行使することにはなりません。国会で総理大臣を任命して、総理大臣が閣僚を任命し、内閣をつくり政府を動かしていくわけですから、公明党がその過程で権力を行使するということはありえない。まして、今は自公連立政権です。公明党単独で政権を担う状況ではありませんので、なおさらです。仮に公明党の大臣や総理大臣が出たとしても、内閣すべてが公明党の議員で組織されることなどありませんし、国会でつくった法律に基づいて行政を運営していくわけですから、そこに創価学会という宗教団体の意思が丸ごと反映されるなどということはありえません。

宗教団体が政治を支援するのは是か非か

田原　僕は前に『創価学会』（毎日新聞出版）という本を書いたとき、いろいろな方に取材をしました。そこで、1969年に表面化した「言論・出版問題」で激しい批判にさらされて以降、創価学会と公明党は、はっきりと立て分けされたと聞きましたが。

山口　そうです。それ以前は、創価学会と公明党の幹部を兼任でやっている人がいたり、公明党の財政基盤が創価学会文化部にあるような位置づけになっていたりしていたことがありましたが、今は組織編成の面でも財政面でも明確に分離されています。公明党独自の財政に関する収支報告は、すべて選挙管理委員会に提出し、公開もされています。公明党の人事を決める党大会は、その都度、県本部大会や総支部大会を開き、公明党の規約に基づいて行われます。創価学会の人間が、誰を選対委員長にしろ、公明党代表にしろ、などと言えるものではない。その代わり、いざ選挙を行うことになり、公明党で公認候補を絞り込んだときは、中央社会協議会というものを創価学会の側につくってもらい、そこで候補者を紹介したり、あるいは、政見を述べたりして、支援するかどうか決定しています。そこでは、政策的な注文を出されたり、候補者として、議員としての姿勢について意見が交わされたりすることもあるわけです。

田原　宗教団体が政党を支持することには何ら問題がないと、僕は思うけどね。

山口　私は哲学や思想が人の生き方や社会のあり方に反映されるのは、いいことではないかと思います。むしろ、人道や平和を尊重する思想も何もまったく養われていない人が、利害だけを求めて政治に携わろうとするよりは望ましいかもしれないと思います。ヨーロッパなど諸外国では信仰に支えられた組織というものが伝統的に存在し、そこが政党をつくり、その理念が当たり前のように政治に反映されることもあるわけです。ドイツのキリスト教民主同盟をはじめ、伝統ある宗教政党は世界に数多く存在しますからね。

女性が活躍できる社会を目指す

政策に欠かせない女性議員の目線

田原 今、公明党の議員は何人いるの？

山口 国会議員は、衆議院29人、参議院が28人ですが、地方議員は約3000人にのぼります。議員総数が3000人というのは、日本の政党の中で一番多い数です。そのうち約3割が女性議員です。この割合も全国政党の中ではきわめて多い比率です。

田原 女性が3割も？　それは意識して増やしてきた？

山口 そうですね。男性議員だけでは解決できない課題が多いですから。ましてや、少子高齢化が進み、子育てや介護など、どうしても女性の負担が増えてきています。仕事を持ちながら家庭のこともこなさなければならないとすれば、ワーク・ライフ・バランスの面からも解決すべき課題はたくさんあります。だからこそ、女性の声はもっともっと政治に反映されるべきだと思います。田原さんも創価学会婦人部の存在はご存じだと思いますが、彼女たちの意見は非常に厳しく鋭い、かつ的確なわけですよ。それらをしっかりと受け止めるためには、女性議員の存在は重要です。彼女たちが政府に働きかけて実現したものはいくつもあります。その一つが女性専用車両の導入です。

田原　ああ、女性専用車両はあるね。あれは公明党の運動がきっかけだったの？

山口　はい。痴漢被害というものは、やはり朝の通勤通学ラッシュ時に集中するんですね。何とかしてほしいという声が公明党の女性議員のもとに届くようになり、2005年、前年の参議院選挙で初当選した鰐淵洋子議員、それから東京都議会の野上純子議員らが先頭に立ち署名運動を行い、その年の春からJR東日本、東京の大手私鉄、東京メトロ、都営地下鉄が、朝の通勤時間帯の列車の一部を女性専用車両にすることを次々と決定しました。同様の動きは全国各地に広がっています。また、女性特有の疾患を相談しやすいようにと、女性専門外来を全国の医療機関に設置する動きも積極的に行いました。

田原　なるほど、それは女性ならではの視点ですね。

山口　はい。災害が起きた際、地域防災計画をつくる委員の中に女性を入れる運動も、全国で展開しています。現場の避難所にも女性目線は必要ですから。

田原　それは何かきっかけがあったんですか。

山口　2019年、台風19号に襲われ、長野県の千曲《ちくま》川が大氾濫しましたね。私もその現場に視察に行きましたが、そのときに参議院の山本香苗さんという女性議員も同行してくれたのです。避難所に避難されている方の声を聞いていたら、ある女性が、「避難所に女性の職員が一人もいない」と山本さんに訴えたのです。着の身着のままで、ようやく避難したんだけど、やっぱり、着替えも欲しい、下着の洗濯をどうすればいいかなど、不便なことがたくさんあるのに、男性の職員には相談できない。だから、女性の職員を配置してもらいたいと、山本さんに切々と訴えているわけです。

田原　確かにそれは男性職員には言いにくいだろうね。

山口　そうですよね。そこで、すぐ市長に面会し、避難されている女性の中からこういう声を聞きました。だから、すべての避難所に女性の職員を配置してください。もし人数が足りなければ、厚生労働省にかけあいますから、長野県外から応援を呼べるようにしてくださいと。で、その日のうちに全避難所に女性職員を配置して、足りないところには翌日、富山県から応援に来てもらって、それで一気に解決したわけですよ。

田原　すごい行動力だ。

山口　だけど、あのとき、山本議員が同行せず、私が一人で視察していたら、きっとそのままでしたよね。

田原　山口代表にはなかなか言えないだろうからね。

山口　まさか、代表に着替えのことなんか頼めないわって、黙ってしまわれたかもしれませんよね。だから、そういう意味でも女性議員の存在は重要なのです。女性たちの生の声を拾うことができれば、公明党はただちに行動に移すことができますから。東日本大震災のときも、避難所が各地に設けられましたが、ある施設に視察に行った公明党の女性議員のところに、避難所生活が1週間になって、肌が荒れちゃって困るんですという声がありました。それを聞いて、化粧水を大量に調達して、どーんと届けたこともありました。避難所の職員はみなさん忙しいし、ましてそれが男性だったりしたら、女性のみなさんはついつい遠慮してしまいますよね。でも例えば、2013年に引退されましたが、松あきらさんのような女性議員が行って、困っていることがあったら何でもおっしゃってくださいね、とフランクに言ってくれたら、みなさん気軽に希望を伝えられるわけです。緊急時こそ、そうした生の声を拾える女性議員の重要性を感じています。

行動力と現場主義が公明党の基本

田原　若手議員、あるいは後継者を育てるようなことを、公明党は今、やってらっしゃるんですか。

山口　公明党は議員の卵を育てようという意識を持ってはいません。なぜなら、「出たい人より出したい人を」というのが公明党の基本ポリシーだからです。周りの人から、「あなたのような人に私たちの声を代表して、ぜひ頑張っていただきたい」という支持を受けて議員になる、それが望ましいと考えています。地域のみなさんから支持されない人は議員にはしません。また、こちらがこの人こそはと思って議員にしても、その地域の人の信頼を得られなければ、次は公認しません。一度公認したら、次も公認されるという保障を公明党はつけてはいないのです。

田原　定年制もあるわけだよね。

山口　そうです。公明党は行動力、現場第一主義を掲げていますので、年齢が上がり、行動力がなくなったら、議員としての役割は果たせないと考えています。だから、定年制を設けて、新陳代謝をはかっていくことも、国民の代表として大事なことだと思っています。ただし、それには個人差もありますし、実績や能力、周りの信頼度はまちまちですから、例外を設けることもあります。今は70歳を過ぎても元気な方は多いですから、この人にはもっと残って頑張ってもらいたいという声が強くて、余人をもって代えがたく、健康で、本人の意欲があるという条件が揃った場合には、定年制の例外としています。

田原　山口さんは2009年に公明党代表に就任し、すでに10年が過ぎました。どうですか、政治家になってやりたいことは叶いましたか？

山口　最初は野党でしたので、なかなかやりきれないところもありましたが、与党になって、いろいろなことができるようになりました。まず、地方議員との連携が非常にとりやすくなりました。ただし、良かれと思ってやったことが思い通り進まない場合もあります。新型コロナウイルス感染症対策においても、例えば、持続化給付金や雇用調整助成金などの給付が決まり、これで助かった人も多いと思いますが、一方、手続きの不透明さやスピード感においては、数々の批判を受けました。実際に施行してみると、後からさまざまな課題が出てくることもあります。公明党の中で、そうした現場の声を受けて、法律や制度を見直すよう働きかけてみる。するとまた、次の課題が出てきます。それらをさらに改善して、よりよいものにしていく。そうした政策のサイクルを担えるようになったことは、与党の国会議員になったことの最大のメリットだと思っています。

田原 じゃあ、やっぱり天職だったわけだ。

山口 いやいや、天職とまでは言いませんが、自分が課題を見いだして、努力した結果、政策が生まれ、それが実行されて、国民のみなさんに喜んでもらったときは、やはり、政治家をやっていてよかったなと思いますよね。新型コロナウイルス感染症対策の特別定額給付金に関しても、手放しでは喜べないところももちろんあるわけです。オンライン手続きが滞ったとか、あるいは、財源は後で借金として残るとか。それでも、仕事が減って、先がどうなるかわからないという不安の中、給付金の10万円を手にすることで、ああ、助かったと思う人は多いわけですよ。それが社会不安を増大させず、次へ向かう希望を抱くことにつながっていく。実際にそうした声を直接聞ければうれしいですし、政治家としてやりがいを感じるときでもあります。

第2章

自公連立20年

野党からついに政権与党に

自民党から持ちかけられた突然の連立要請

１９９３年、非自民の細川護熙《もりひろ》内閣が誕生。社会党、新生党、公明党、日本新党、民社党、新党さきがけ、社民連、参院会派の民主改革連合の８党派による非自民連立政権がスタート。１９９４年、公明党は解散、分党方式を採用し、国会議員の多くは「新進党」に参加、一方、地方議員が中心となり「公明」を結党する。１９９５年に行われた参議院選挙で小沢一郎氏が幹事長だった新進党が自民党に迫る躍進を遂げるものの、翌１９９６年、小沢氏が党首として臨んだ衆議院選挙では惨敗。同年、小沢氏は新進党を解党する。１９９８年には公明党が再結党。１９９９年には自民党の働きかけにより、自民党、自由党、公明党の自自公連立政権が発足する。

田原　まず、公明党が自民党と連立を果たしたところから聞きます。1999年、小渕恵三内閣のもと、自自公連立政権が成立しますが、それまで、自民党は機関紙「自由新報」で公明党の支持団体、創価学会をぼろくそに叩きまくっていた。叩きまくる自民党との連立を公明党は何で了承したんですか。

山口　その前に、連立政権発足までの流れをお話しさせてください。1993年の衆議院総選挙で自民党は過半数割れし、非自民政権の細川内閣が発足します。1955年以来、政権を担ってきた自民党はここで初めて野党に転落しました。野党でいることは相当悔しかったでしょうね。1994年6月には「自社さ（自民党・社会党・新党さきがけ）連立政権」が誕生し、自民党は与党に返り咲きます。さらに、同じ年の12月には「新進党」を結党。ここには公明党から衆議院議員52人と、12人の参議院議員が参加しました。

田原　新進党はアンチ自民党で、小沢さんが幹事長に就任した。

山口　そうです。その翌年の参議院選挙で、自民党、社会党、新党さきがけは3党合わせてどうにか過半数を維持しますが、新進党が比例票で自民党を上回るなど大躍進を遂げ、連立政権を脅かします。自民党はここに危機感を持ったのではないでしょうか。それで、新進党の選挙活動を支えている公明党、創価学会を激しく批判し、叩きにかかったのです。

田原　当時、新進党は自民党に次ぐ勢力として注目されていた。ところが、翌年の衆議院選挙で小沢党首が率いる新進党は惨敗。結局、新進党は１９９７年に解党してしまう。

山口　選挙後も、公明党の支持団体である創価学会に対する厳しい非難や批判は続きました。しかし、そうしていることがさまざまな軋轢《あつれき》を生んでしまうし、そんなことに無駄なエネルギーを使っているのはよくない、このままの状態で政界に摩擦が続くのは日本の政治にとって必ずしもプラスにならないという声が両者の間から出るようになったのです。大局観に立ち、日本の政治をもっと安定的に進めなければならないという話し合いが自民党と公明党の間でなされたわけです。

田原　つまり自民党は連立を持ちかけてきたということですね。話し合いの席についたのは、自民党側は野中広務《ひろむ》さん。公明党側は？

山口　当時、代表を務めていた神崎武法さんと幹事長の冬柴鐵三《てつぞう》さんが連立の実質的な役割を担いました。

自自公連立の陰には未曽有の金融危機があった

田原　連立を組もうという話をしたとき、野中さんは、それまでぼろくそに言っていた公明党に何て持ちかけたんですか。

山口　まず、新進党解党後、自由党を結成し、党首を務めていた小沢さんと野中さんが会談をされました。なぜなら、冬柴さんから、いきなり自民党と連立を組むのは難しい、自由党を間においてほしいと要求されたからです。

田原　だから、自民党は小沢さんの自由党を真ん中に入れたりしたわけね。それまで野中さんは小沢さんをぼろくそに言っていたのにね。

山口　かつて野中さんは小沢批判の急先鋒《せんぽう》でしたが、そのときは、たとえ、小沢さんにひれ伏してでもお願いし、味方にとり込まなければいかんとおっしゃっていたそうです。そうして連立の大義を説いたわけですね。

田原　小沢さんに最敬礼したわけね。何でそうまでして野中さんが最敬礼したんですか。

山口　対立したままでは、政策が進まなかったからです。

連立政権樹立に向けた会談前、握手する(左から)自由党の小沢一郎党首、自民党の小渕恵三総裁、公明党の神崎武法代表＝首相官邸で。1999年10月、共同通信提供

田原　具体的には？

山口　一番のネックは金融問題です。当時、住宅金融専門会社がバブル期に抱えた巨額の不良債権をどうするかという、いわゆる「住専問題」が連日マスコミで報じられていましたから。さらに、三洋証券、北海道拓殖銀行、山一證券と名だたる金融機関が経営破綻し、日本はかつてない金融危機に瀕していきます。だから、何としても政治を安定させ、経済再生を果たさなければならなかったのです。

田原　本当はバブルが崩壊したときに、宮澤喜一内閣が金融機関を救うための公的資金の投入をすべきだった。ところが、公的資金を投入すれば大蔵省（現・財務省）の金融行政が失敗したことを認めなきゃならない。そこで、大蔵省は反対し、すると財界も反対。なんとマスコミまで反対してできなかった。当時、宮澤総理は僕に「日本では総理よりも大蔵省のほうが、はるかに力が強いのだよ。これでは、国の運営がうまくいくわけがない」と不満をぶちまけた。それを1996年に発足した橋本龍太郎内閣が財政構造改革を掲げ取り組もうとしたが、これも大多数の反対で挫折した。だから、後を継いだ小渕内閣でこの問題をどうしても解決しなきゃいけなかったと、こういうことですね。

山口　そうです。きっかけは住専問題でしたが、その背景には、不良債権を大量に抱えた金融機関が本来の機能を果たせなくなっていたことがありました。不良債権が多すぎて貸し出しができないわけです。そこで、政府が公的支援をして、金融機関を健全な体質に戻して、本来の業務を行えるようにしなければいけない。この未曽有《みぞう》の金融危機を乗り越えるためには、政治を安定させる必要がありました。それで公明党は自民党の申し出を受け、1999年10月、自自公連立に踏み切ったのです。

小泉内閣が示した強いリーダーシップ

郵政解散で新しい時代の風が起こる

２０００年、小渕総理が病に倒れ、その後を引き継ぎ森喜朗《よしろう》内閣が発足する。その１年後の２００１年、小泉純一郎内閣が発足。組閣時の支持率は戦後歴代内閣最高の85％を記録するなど、圧倒的な人気に支えられ、小泉内閣は２００６年９月まで続く長期政権となった。マスコミ報道を利用した劇場型政治は国民の関心を集め、２００５年、自身が改革の本丸と位置づけていた郵政民営化関連法を成立させた。

田原　山口さんは小泉内閣をどのように見ていますか。

山口　小泉さんは、小選挙区制における与党の勝ちパターンをつくり出そうとした総理だと思います。それまでの与党の枠組みというものは、与党内で積み重ねた議論を政府に引き渡すという流れでした。与党内の合意を尊重していたのですが、議論百出でなかなか合意に至らない。スピード感がないわけです。でも、小泉さんは、与党の意見だけに引きずられず、官邸主導というスタイルで、独自の政策をぐいぐい実行していく。短い言葉で自身の考えや政策を伝える、いわゆる「ワンフレーズポリティクス」は、国民にとって新鮮だったと思います。総理大臣が与党の代表であり、政権の顔となって強いリーダーシップを示す、小泉さんはそういうところに力を入れたのではないでしょうか。

田原 僕が小泉さんは偉いと思ったのは、彼が総理になって、1、2年の間は経済が悪かったの。それで、経団連や同友会の幹部が僕のところに来て、景気を良くしろと言っても、あの男は全然動かない。耳は聞こえているんだろうけど、理解する能力がないんじゃないか。田原さん、何とか言ってくれと言うから、それを小泉さんに伝えたの。経団連や同友会の幹部がこう言っているぞと。そしたら、彼はその通りだと。自分は耳は聞こえるが理解する能力がないんだ。なぜなら、自分の周りにいる官僚たちはみな、頭がいいと思っている。事実、頭はいいのだろう。東大や京大出身だからね。だけど、日本は縦割り行政だから、経済産業省、財務省など各省庁の官僚の言っていることは全部ばらばらで、矛盾だらけだと。今までの総理大臣は、おそらく半分以上ノイローゼになってやっていたのだと思う。だけど、自分はそうなるのが嫌だから、誰の言うことも聞かないと言うわけですよ。「小泉は誰の言うことも聞かない」と経団連や同友会に伝えてくれと言うから、その通りに伝えたら、そうかと。以来、あきらめたのか何も言わなくなった。このへんはどうですか。

山口 確かに、小泉さんはそういうふうに演じている部分もあったかもしれません。とにかく官邸主導、与党のトップがリーダーシップを取るということに力を入れていらっしゃいました。小泉さんの力が一番発揮されたのが選挙です。選挙のときに、ある種の風をつくる。その風がつくり出した力で与党が勝つ。そういうことを小泉さんはかなり意識してやられていたと思います。

田原 どういう風をつくったんですか。

山口 典型的なのは2005年の郵政解散ですね。郵政民営化関連法案に反対した前議員の選挙区に刺客候補を送り込む戦略をとり、マスコミ報道をうまく利用した選挙は「小泉劇場」と呼ばれ、多くの有権者の関心を集めた。結果、自民党は大勝し、その年の特別国会で郵政民営化関連法案を可決させました。

とにかく風に乗れ！ そう檄を飛ばした

田原 実はその郵政民営化については一つエピソードがあります。あるとき、竹中平蔵さんが、困ったことが起きたと電話をかけてきた。何かと問うと、小泉総理が郵政民営化をやるので、自分に担当大臣になってくれと言ってきたそうなんです。そこで僕は、やればいいではないかと言うと、実は郵政民営化などまったくやる必要がないのだと言うのです。ならば、そう言えばいいと伝えると、小泉さんという人は頑固なので、やると言い出したらやる。そして、僕が反対したら別の人間を大臣にする。しかし、別の人間を大臣にしたら、絶対に失敗する。だって、やる必要がないのだから。それではどうするのだと問うと、郵政民営化が必要だという理由を考えるから3週間ばかり待ってほしい、考えたら田原さんに連絡するから聞いてほしいと言うのです。

山口 3週間で答えは出たんですか？

田原 はい。3週間ほどして竹中さんから電話があって、必要な理由を考えたから聞いてほしいと。とは言え、僕一人で聞くのは自信がないので、自民党の国会議員である石原伸晃《のぶてる》さんに付いてきてもらうことにした。彼ならば、しっかり判断してくれると思ったからです。そして、竹中さんが郵政民営化の理由を説明した。石原さんに「納得できるか」と問うと、「さっぱりわからない」と。これが郵政民営化の始まりです。その後、竹中さんは何度か理由を作り直し、小泉総理は強引に郵政民営化を実施しようとしたのですが、自民党の中で反対が強かった。小泉さんは郵政民営化に反対したら議員をクビにすると力で抑え込み、衆議院では何とか5票差で可決させたのですが、参議院では間違いなく否決される。そこで、前の総理大臣の森喜朗さんが小泉さんに会って、参議院で採決をしたら絶対否決されるから継続審議にしろ。継続審議にしたら、おれたちが何とか郵政民営化を通してやると言ったそうなんです。

山口　それに対して、小泉さんはどう応えたんですか？

田原　小泉さんは、参議院で採決する。否決されたら衆議院を解散すると譲らない。それを聞いた森さんは、当時、僕が司会していた番組「サンデープロジェクト」に出演し、小泉さんをコテンパンに批判した。それでも、小泉さんは参議院の否決を受けて衆議院を解散。だけど、なんと、衆議院議員選挙で勝っちゃったんだよね。

山口　そういう政界の常識を破って、総理、あるいは、内閣が進めようとする路線に反対する者に守旧派というレッテルを貼って、これをつぶす。これが衆議院の風をつくり、解散のエネルギーになるはずだ。そう小泉さんは踏んでいたんですね。だから、反対する者に対しては刺客まで送ってつぶしにかかった。以前は、自民党の仲間であったはずの人間にまでそういうことをやって、郵政民営化を阻む人間は「抵抗勢力」であるというイメージを国民に植えつけたわけです。

田原　こんな強引さに公明党は賛成したわけ？

山口　まあ、公明党は心の中ではやや賛同できないところはあったと思います。ただ私はこの流れをきちんと読まなきゃいけない、選挙は勝つか負けるかだから、ここは、郵政解散で行くべきだ、与党として一つの流れをつくり戦うべきだと思ったのです。ですから、とにかく風に乗れと党内で訴えました。

田原　何で勝ったんだろう。

山口　やっぱり、勢いをつくり出す力、世論に訴える力ですよ。

田原　だって、民営化の必要はないのですよ。何が小泉さんの味方をしたんだろう。

山口　民営化は是か非かという政策の当否より、守旧派といわれる古い勢力を敵に回すことによって、自分が浮かび上がってくるという手法ですよね。

田原 でも、郵政民営化は何かプラスがあったんですか。だって今、かんぽ生命、大スキャンダルですよ。

山口 そういう意見もあると思います。民営化前は、かんぽとゆうちょと郵便、この3事業が、それぞれに利益のでこぼこがあっても、それをならしながら支え合い、その利益を国政のために使ってきました。その循環があってうまく回ってきたわけですよね。民営化しても、民間の金融機関のような貸し出す力は制約されていますから、金融機関としてはまだ自立しきっていないのだと思います。ですから、評価が定まるのはもう少し先になるのではないでしょうか。

選挙で大敗、苦悩の野党時代へ

リーマン・ショックが日本の政治を襲う

小泉内閣の後を継ぎ、２００６年、第１次安倍晋三内閣が誕生。しかし、健康上の理由から１年で辞任。次いで、２００７年に福田康夫氏が総理に就任するものの１年で辞任。２００８年に麻生太郎内閣が誕生するが、リーマン・ショックに端を発した世界的な金融危機により東京株式市場が急落。金融危機に対する対応のまずさから支持率は低迷し、自民党内でも「麻生降ろし」の動きが強まる。結局、２００９年の衆議院選挙で鳩山由紀夫氏率いる民主党に大敗、公明党は自民党と共に政権を明け渡した。

田原　２００９年の衆議院選挙で自民党は惨敗し、民主党の鳩山内閣がスタートします。この結果を山口さんはどう捉えていますか。何で自民党が負けることになったの？

山口　率直に振り返りますと、福田内閣で経済が厳しくなった。そして、２００８年９月にリーマン・ショックが起きます。そのときに、麻生太郎さんが総理に就任するわけですね。私は当時、公明党の政調会長でしたので、当時の自民党の政調会長、経済財政政策担当大臣の与謝野馨《かおる》さんらと一緒に、麻生政権でこのリーマン・ショックに対応できる経済政策をつくり、予算を用意したところで解散する、そういうシナリオで大胆な経済措置をつくったわけです。麻生さんは就任冒頭で解散するはずだと信じて政策をつくりました。ところが、麻生さんは解散をやらなかった。

田原　麻生さんが総理大臣になる直前にリーマン・ショックが起きた。

山口　そうです。

田原　リーマン・ショックで日本も不景気になった。自民党はみんな景気を良くしようとしたが、満足にできなかった。それで、麻生内閣がスタートした1カ月後の10月に、何で景気を回復させられないんだと麻生さんに聞いたの。そしたら、実は田原さん、青木幹雄さんと森喜朗さん、それから自民党の幹部に、本当は福田内閣で衆議院を解散しようと言ったんだけど、福田さんがまったくやる気がない。それで、森さんと青木さんから、福田さんを終わらせて、おまえが解散しろと言われたと。だから、田原さん、はっきり言って、この内閣では経済を良くするのは無理だと。組閣して、直ちに解散するつもりだったので、当選回数は十分ありながら大臣経験のない人物たちをあえて大臣にした。青木さんや森さんたちも、それを望んだというのです。麻生さんは非常に正直な人物で、率直に話してくれた。ところが、「経済を良くできないのなら、麻生はやめろ」という主張が野党内はもちろん自民党内でも強まった。私は、麻生さんに同情的だったのですが、「麻生やめろ」の主張がどんどん強くなり、自民党はわけのわからないケンカ状態になった。このとき、公明党はどう動いたのですか。山口さんはどうしようとしたのですか？

山口　当時、私は公明党の政調会長の立場で、さらに、東京都本部代表も兼任していました。この内閣は組閣直後しか解散のチャンスはないと思っていました。ところが、リーマン・ショックでそのチャンスを逸した。翌年任期満了ですから、それ以後、麻生政権が支持を挽回するチャンスは、もうないと私は判断しました。問題は２００９年の７月に都議会選挙を控えていたことです。公明党にとって都議会議員選挙はとても重要なものですから、衆議院選挙と都議選の時期が重ならないようにしなければいけない。これを回避することが東京都本部代表としての自分の責任だと思っていました。

田原　ずらすというのは、解散を遅らせるということ？

山口　党の幹部がどう考えていたかはわかりませんが、私は政権維持は厳しいと思っていました。暮れは予算編成をするのが精いっぱいです。年が明けて通常国会が始まれば、予算を通してもらうために、与党は予算委員会を運営しなければなりません。それが終わると、予算関連の法律を仕上げなければいけない。そうしないと予算が執行できません。ですから、国会が閉会したらすぐ都議選ですから、解散のチャンスを失ってしまう。ですから、会期内に何とか解散総選挙がないようにして、都議選をしっかりと終えることを目指しました。かろうじて都議選は何とかなりました。結局、麻生さんは解散をせざるを得なかったわけです。

田原 ああ、そうか。都議選を早めたわけね。

山口 そうです。

田原 都議選では、一応、自民公明で勝った？

山口 自民は大敗し、公明は目標数は確保しました。しかし、麻生内閣の解散のタイミングは、もう最悪でした。追い込まれて解散せざるを得なくなったことから野党の勢いが増してしまい、衆議院選挙で民主党に過半数を奪われるという残念な結果になりました。

衆議院選挙で大敗後、公明党代表に就任

田原 あのとき、国民は特に野党に期待していたわけじゃないですよ。自民党が大ゲンカ状態だったから、こんな党に政治は任せられないとなり、民主党内閣ができた。

山口 そこが教訓なのです。と言うのは、小泉政権のときは勢いもありました。けれど、その

後の与党は内部でああでもない、こうでもないと議論ばかりして、なかなかまとまらない。国民から見たら分裂しているように見えるし、まとまりがないから意思決定が遅い、いい政策が打てないという悪循環で、これに対し国民の反発が強まったと思います。自公連立政権の末期から、福田さん、麻生さん、さらにその前の安倍さんもあっという間に退陣してしまいました。

田原　安倍さんは体調を崩してしまった。

山口　そうです。その頃から、1年ごとに総理大臣が代わっていくという現象が、すでに起きていたわけです。それで、国民のみなさんの反発を買い、自公が負けてしまう。このとき公明党はとても悔しかった。公明党自身が国民の声を顧みず間違った政策を押し通し、その結果、期待を台無しにしたということならば、甘んじて受け入れざるを得ません。しかし、自分たちは一生懸命やってきたつもりでした。政権も支えたし、自民党にないカラーを政治に反映させ、調整役もやったつもりです。しかし、小選挙区が全滅でした。八つの小選挙区は全員落選。当時、党の代表を務めていた太田昭宏さん、党の幹事長の北側一雄さん、そして、前幹事長の冬柴鐵三さんまで、全員落選です。

田原　何、冬柴さんも落選した？

山口　全員落選。もう、やるせない悔しさです。幹部を失い、その後を誰が継ぐという議論になり、私に白羽の矢が立ちましたけど、私は当時、参議院議員ですから、いいのだろうかと。やはり、衆議院議員がその役を担うというふうに世の中は見ていますよね。しかし、衆議院の有力者が全滅でしたから、私が代表に就任することになりました。

田原　幹部が全員落選するってことは、支持者の怒りは相当だったわけだ。一体何に怒ったんですか？

山口　実に多くの声がありましたが、一番は、公明党は福祉の党だったのに、年金や母子家庭の児童扶養手当などどんどん切り捨てて何だと。公明党は平和の党だったじゃないか、揺らいでいるんじゃないかという怒りですね。私は代表として、この国民の怒りは当然だ、率直に受け止めなければならないと思いました。そのうえで、公明党の持ち味は何なのか、自分たちでもう一度、党の自画像を描いてみようと考えたのです。そこで得た答えの一つは、公明党は「大衆とともに」という立党精神がある。ほかの党を調べてみたけれども、「大衆とともに」や、民主主義の基本的な精神を党の綱領として謳っているような政党は、どこにもない。だから、この民主主義の基本に忠実な、「大衆とともに」という立党精神、これを大事にしようと。そしてもう一つ、世の中の人の批判の大半は、公明党は平和の党だ、福祉の党だと言っていたにもかかわらず、それを裏切ったことでした。ということは、それらの評価はすでに世の中に定着している。つまり公明党の政策を推進してきたブランドイメージだと思ったほうがいい。もっとこれを発揮すべきだと。さらにもう一つ、公明党には地方議員がいる。地方議員を基盤にしたネットワークがあるじゃないか。国会議員は一敗地《いっぱいち》に塗《まみ》れたけれども、地方議員の基盤はある。世の中の人は、そういう地に足の着いた、全国津々浦々に存在する公明党そのものに期待しているんだと。だから、このネットワークを生かそうと。このような三つの持ち味を共有して、再出発しました。

野党から再び政権与党へ

民主党政権下で臥薪嘗胆の日々

田原　さて、２００9年9月、鳩山由紀夫氏率いる民主党政権がスタートしました。3年3カ月の民主党政権で、公明党はどういう役割を果たしていたんですか？

山口　民主党は圧倒的支持で誕生しましたが、まだまだ経験が乏しい。だから、民主党と政策が近いと言われ、与党経験のある公明党が補って助けてやれという声がありました。

田原　僕も同感です。公明党は、自民党よりも民主党に近いんじゃないかと思っていました。平和主義でもありますし。何でその民主党の政策に協力しなかったんですか。

山口　細川政権以来、民主党にいる人たちの大部分をよく知っていますから。

田原　あ、そうか、細川政権では公明党が、政権を取ったわけだからね。

山口 政権を取った側で、旧社会党の人もいれば、自民党から分かれた人もいるし、民社党系の人もいる、いろいろな人がいました。

田原 当時、「一・一コンビ」と言われていた小沢一郎さんと、公明党の書記長を務めていた市川雄一さんもいた。

山口 そうです。政権を奪った民主党の中には、その時代の人たちがたくさんいたわけですね。それぞれ人格的にも能力的にも素晴らしいということはよく知っていました。しかし、団結をして、政権を維持していこうという忍耐力や協調性は少々欠けているのではないかと思っていました。しかも、掲げる政策は実現の可能性が乏しく見える。だから、単に政策が似ているから協力しようというのではなくて、公明党は一度国民から駄目出しを受けたわけですから、ここは自民党とともに臥薪嘗胆《がしんしょうたん》の思いでしっかり反省し、出直すべきだと決意しました。やるべきは、民主党に協力するということではないと思ったのです。

田原 はっきり言えば、反小沢だったのかな。つまり、細川内閣の、一・一コンビで、小沢の強引さが嫌だったんですかね。

山口 もしかしたら、そういう人もいたかもしれませんね。

田原　1994年に、村山富市内閣ができたとき、公明党は一度、解党しているよね。それで、小沢さんの新進党に合流した。

山口　当時は、「一・一時代」と言われましたよね。民主党政権では、野党のスタンスを貫きましたけど、敵対的に政権奪取を狙うということではなくて、やはり、是々非々《ぜぜひひ》なんです。だから、民主党政権に力が足りなくて、国民が困るという局面では協力を惜しみませんでした。とくに東日本大震災のときは、提案もしましたし、助言もしました。原発事故収束のため、「キリン」と呼ばれる機材を現地に送ることにも公明党は尽力しました。

田原　キリン？　それはどういうものですか？

山口　ドイツのプツマイスター社製の生コン圧送機で、本来は高層階に生コンクリートを送るために使われるものですが、それを福島の原発事故現場での注水作業に利用することを提案し、実現しました。公明党が行った、こうした復旧・復興に関する提言や申し入れは震災から半年で766項目にのぼります。その点においては国民本位で臨んでいましたが、民主党政権に協力するということはありませんでした。

第2次安倍政権が目指すのは安保改正

田原　とは言え、民主党政権も終わり、2012年から第2次安倍内閣がスタートする。戦後に2度政権を取ったのは、吉田茂内閣以来、初めてのことですね。今まで前例がない。何で安倍さんは2度も内閣を担うことができたんですか。

山口　民主党から政権は取り戻しましたが、それは自公が自力で取り戻したわけではなく、民主党への期待がなくなった、その反動ではないかと思います。だから過信せず、謙虚に誠実に、国民が何を望んでいるのかをきちんと捉えて政権を担っていくべきだということを、第2次安倍政権の最初の政権合意書の中に書き込みました。

田原　僕は、安倍さんを再度総理にした、自民党の中での大きな力は安保法制（安全保障関連法）だと思う。実は、東西冷戦が終わったとき、元外務省幹部の岡崎久彦さんや、政治学者の北岡伸一さんたちが、困ったことになったと僕に言った。1960年、岸信介《のぶすけ》総理のもと改定に合意した日米安全保障条約で日米同盟が強化され、日本が攻められたらアメリカが日本を守る、一方、アメリカが攻められても日本は何もしない、これでよかった。なぜなら、東西冷戦下では、日本は西側の極東部門だから、アメリカには日本を守る責任があった。ところが、ソ連が敵じゃなくなれば、もうアメリカは日本を守る責任はな

連立政権発足合意文書への署名、交換を終え、握手する自民党の安倍晋三総裁（中央右）と公明党の山口那津男代表（同左）。右から自民党の甘利明政調会長、石破茂幹事長、公明党の井上義久幹事長、石井啓一政調会長＝国会内で。2012年12月25日、共同通信提供

い。つまり、アメリカにとって日米同盟は魅力的ではなくなり、さらに、米軍が一方的に日本防衛の任務を負う片務性は不公平だという強い不満がアメリカ側から出始めた。このままでは日米同盟を持続できないというのです。

山口　もし、アメリカが日米同盟を解消するようなことがあれば、日本は自前で安全保障を担わなければなりません。

田原　その通り。防衛力を強化しなければならないし、核兵器を持つかどうかといった議論になる。もちろん憲法を改正しなければならない。そして、日米同盟を維持するためには、片務性から双務性、つまり日本もアメリカと同じように武力を提供すべきなの

ではないかと、岡崎さんはこう心配していたんです。だから、岡崎さんと同じような考えを持っている自民党の連中が安倍さんに安保法制をやらせようとして、これが第2次安倍内閣が誕生する力になったんじゃないかと思いますが、違いますか。

山口 第1次安倍政権の頃からその根があったかもしれません。例えば、2001年9月11日にアメリカ同時多発テロが起きます。あのとき、テロ勢力は世界中にいると言われました。そこで、日米、あるいは、ヨーロッパも含めて、世界が協力関係をつくり、連携を強めなければいかんという動きが出て、日本ももっと独自の力を出せと迫られました。第1次安倍内閣のとき、安倍さんは外務省OBを中心に「安保法制懇（安全保障の法的基盤の再構築に関する懇談会）」をつくり、集団的自衛権をフルサイズで認めるべきだという方向での議論を進めていたのです。しかし、第1次安倍政権では完結せずに終わりました。

田原 安倍さんの私的諮問機関、安保法制懇ができたのは2007年で、第1次安倍政権の終盤からです。だから集団的自衛権の話を持ち出せなかったのです。

山口 しかし、もう、その芽は出かかっていたと思います。ただし、小泉さんはそれをにわかに認めるべきではないと公言していましたけど。

田原　ところで、山口さんは普段、安倍さんとはどんなふうにコミュニケーションを取っているんですか？

山口　私と安倍さんは、政治家としての接点は当初は少なかったんですよ。安倍さんは私よりも1期後に当選してきました。私の2期目は細川政権誕生の年なんですよ。当時、私は防衛政務次官で、安倍さんは自民党の野党の1年生議員。だから、あまり接触がありませんでしたね。

田原　彼は大臣経験がないんだよね。官房副長官、幹事長、官房長官から総理大臣になった。

山口　そうですね。普通なら、閣僚、少なくとも総務大臣、財務大臣、外務大臣、このあたりを歴任して、大臣としての経験を積んでから総理大臣になるものですが、安倍さんはいきなりでしょう。だから、うーん、こういうこともあるのかと驚きましたけどね。私は、小選挙区制になってから落選して、5年間政界から離れていて、参議院で返り咲いたのは2001年。そのときはもう、小泉政権は誕生していて、安倍さんはもう閣内に入っていましたから、フランクに接する機会がなかったのです。今は、率直に意見交換しています。

田原　山口さんの同期は誰？

山口　古屋圭司さん、中谷元さん、赤松広隆さん、岡田克也さんらは衆議院で同期ですよ。政治の世界で何とか生き延びている者同士、ときどき同窓会をやりますけど。あと、自民党では谷垣禎一《さだかず》さんですね。谷垣さんも弁護士出身で、実は司法研修所で同期でした。人生の先輩ではあるけれど、同業で同期ですから、信頼関係もできていますし、気安く何でも言い合える関係です。野党時代、私は公明党代表、谷垣さんは自民党総裁という立場でコンビを組めたので、やりやすかったですね。

長期政権のひずみが不祥事を生み出す

安倍政権はスキャンダルの温床!?

日本の歴代総理大臣の中で最長在任記録を誇る安倍晋三氏だが、ここ数年はスキャンダルに揺れている。２０１６年６月、大阪府豊中市にある国有地が鑑定価格より大幅に安い金額で小学校の建設用地として学校法人「森友学園」に売却された。小学校の名誉校長が安倍総理の妻、安倍昭恵氏だったことなどから、野党が売却の経緯や政治家の関与の有無などを追及するも、納得のいく答えは得られぬままである。翌2017年には国家戦略特区制度に基づき、愛媛県今治市で学校法人「加計《かけ》学園」の獣医学部の新設が認められた。しかし、学園の理事長は安倍総理の長年の友人であり、文部科学省から「総理のご意向」などと書かれた内部資料が見つかったことなどから、選考に不正があったとの疑惑は消えない。さらに、2019年、内閣総理大臣主催の「桜を見る会」の予算が年々増えていることを野党が指摘。参加者に安倍総理の支援者が多数招待されていることも問題視された。2020年5月、新型コロナウイルスの感染拡大を受け、全国に緊急事態宣言が出されている中、東京高等検察庁の黒川弘務検事長が知人宅で賭けマージャンに興じていたことが判明。黒川氏の定年延長をはかるため安倍総理が法解釈を変更したことが問題視されていただけに世間は騒然となった。同年7月には参議院議員の河井案里氏が初当選した2019年の参議院選挙をめぐる買収事件で、夫で前法務大臣の河井克行氏とともに案里氏は公職選挙法違反で起訴された。自民党本部から選挙活動資金に1億5000万円が渡されていたことにも疑問の声が上がった。

田原　安倍内閣になってからスキャンダルがやたらに多い。森友、加計、桜、黒川、今度の前法務大臣夫妻の逮捕と続いている。これは、連立を組んでいる公明党が何とかできないんですか。

山口　いやいや、できるものならそうしたいのですが。

田原　安倍内閣のスキャンダルが多い最大の原因は、僕は野党が弱すぎることだと思う。野党は安倍内閣の政策を批判しているだけで、まったく対案がない。だから国民の多くが、野党政権にほとんどリアリティーを持っていない。もう一ついけないのは、選挙制度が中選挙区制から小選挙区制になったこと。つまり、自民党の国会議員は党の執行部から公認されなきゃ当選できない。だから、自民党の国会議員は安倍総理のイエスマンになってしまって、誰一人、安倍さんに文句が言えない。かつての自民党ならば、森友・加計のような疑惑が出た段階で、「安倍さんやめろ」の声が起きて、それが広がって安倍さんはやめざるを得なくなった。岸信介氏、田中角栄氏、福田赳《たけ》夫《お》氏、宮澤喜一氏、森喜朗氏らが、それでやめています。だけど、今、党内からそんな声は出ず、安倍総理はやりたい放題です。唯一声を上げることができて、かつ影響力を持つのが公明党です。

山口　今、田原さんがおっしゃった問題はどれも、安倍さん個人の周辺で起こっていることなのです。政策に対する批判であれば、政治の安定のためにこちらとしてもいくらでもフォローする方法があるのですが、個人的な問題を、安倍さんに代わって国民に説明するということは難しいわけです。

田原 だから、山口さんが安倍さんに直接言えばいいじゃない。

山口 もちろん言います。疑惑に関しては、安倍さんがきちんと説明すべきで、そうしないと国民の理解は得られませんよと申し上げています。数日前、安倍さんと懇談しましたが、河井夫妻のことはご心配をかけて申し訳ありませんとおっしゃっていました。我々としては河井さんを応援してくれた人に申し訳ないという思いですし、国民の政治不信を招いたことは許されないことです。信頼を回復するためには襟を正さなければならず、しっかりと国民の批判を受け止めなければなりませんということを申し上げました。

田原 落選した自民党の溝手《みぞて》顕正《けんせい》議員に対する選挙活動資金は1500万円で、河井議員は1億5000万円、10倍だよ。これは、どう見てもおかしい。安倍さんはできれば2人とも当選させたかったと言うんだけど、説得力がない。まったく不公平だ。それなら、両方とも同じ金額にしなきゃいけないじゃない。

山口 どうして、同じ選挙区で同じ党の候補で政治活動資金の額がそれほど違うのか、なぜ自民党がそんなことをやったのかは、自民党内の問題なので、公明党にはわからない。自民党自身がしっかりと説明すべきことです。

支持率低下をどう食い止めるか

田原 さらに問題なのは、広島県連（広島県支部連合会）は、案里さんの出馬をやめてくれと強く自民党に訴えた。ところが、自民党本部はそれを強引に押し返した。これは事実です。そんなことをしているから、安倍内閣の支持率が下がるんだよ。実際、2020年の5月の毎日新聞の世論調査では20％台まで下がりましたからね。

山口 その数字はかなり深刻な結果として受け止めなければいけないですね。

田原 理由は三つあると思う。一つは桜を見る会、これは、もうどうしようもなく駄目だ。それから黒川問題、河井前法務大臣夫妻の逮捕。この三つに関し、国民は許せないと思っているんだよ。

山口 確かに、田原さんがおっしゃる三つの問題は国民にとって許し難いものですね。さらに、〝モリカケ問題〟というものも常に安倍政権の底流にありますから。

田原　桜を見る会に関しては、かつての自民党なら、実力者の誰かが、安倍さん、やめたほうがいいよと忠告したはず。ところが、今は誰も言わない。それどころか、自分たちの後援会関係者もどんどん招待した。

山口　公明党は3、4人しか割り当てられていませんけどね（笑）。

田原　それは不公平だ。自民党は安倍政権が長く続きすぎて、神経がたるんでいるんじゃないかと思う。そういうときは、やっぱり、公明党が強く言うべきなの。黒川問題なんて、とんでもないよ。何で安倍内閣は黒川さんの定年を半年延長したんだ。

山口　黒川検事長の定年延長問題に関しては、きちんと説明すべきです。何しろ与党の我々も納得できる説明を聞いたことがありませんから。

田原　しかも、法務大臣の言うことが二転三転。

山口　あれじゃあ説得力はありませんよね。おまけに黒川検事長本人は賭けマージャンに出かけていたという。あろうことかコロナで外出自粛を要請されている最中のことです。国民のみなさんが外出を我慢し、政府の要請を守っている中でのああいう振る舞いですから、これは、もう、国民が怒るのは当たり前ですよ。

田原　こういうことがあったら、本当は公明党がきちんと意見すべきだと思う。黒川検事長の辞任までの一連の流れに対して、山口さんはどう考えているの？

山口 黒川さんが辞任されるのは当然ですし、緊急事態宣言下での賭けマージャンなど許されないことですよ。安倍さんが、黒川さんの定年を延長し、その先どうしようと思っていたのかまではわかりませんけれども、検察は今回のことをきちんと受け止め、信頼を回復できるよう組織全体として取り組むべきですし、検察官の役割というものを改めて認識し、法律をつくり直す必要があると思っています。

田原 支持率は今後どうなるか。

山口 7月には30%台まで上がりました。これは新型コロナウイルス感染症への対応が評価されたと見ています。緊急事態宣言を解除して社会生活を前に進めようとしたこと、また、次の大きな波に備えようという姿勢ですね。第2次補正予算もしっかり傷んだところに手当てしようという、そういう取り組みがある程度評価されたのだと思います。とは言え、不支持率が6割です。その後も再び感染が拡大し、支持率は低迷しています。これは国民が政府の対応に期待する半面、しっかりやってほしいという意見の表れではないかと思っています。

落選と野党転落、そこから得たもの

小選挙区制のもとで繰り広げられた熾烈な戦い

田原　ところで、山口さんは自自公連立政権が発足した１９９９年は、公明党内でどういう立場にいたんですか？

山口　私は１９９０年の衆議院選挙で初当選し、２期（６年８ヵ月）やりました。その後、１９９６年、初めての小選挙区制のもとで行われた選挙で落選。次の２０００年の選挙でも落選してしまいましたので、自自公連立政権ができたときは落選中でした。翌年の参議院選挙でようやく当選です。

田原　なるほど。そうすると、小泉内閣がスタートした最初の年に当選するわけだ。選挙戦は大変だった？

山口 まあ、そうですね。1996年、小選挙区比例代表並立制での初の選挙は大変でした。議席1を争うわけですから、相手は倒すべき敵でしかない。敵は徹底していじめ抜くわけですよ。これを話しているときりがないのですが……。

田原 いやいや、そこが聞きたい。

山口 小選挙区比例代表制に関しては、最初から批判があったんですよ。敵を倒すため熾烈《しれつ》な戦いを展開しなければならず、そうすると、どうしてもダークな部分を攻めるようになる。他人を貶《おとし》め合うことで、地域社会を二分するような選挙制度はよくないと、私も異議を唱えましたよ。しかし、そういう制度になったからには、やらざるを得ません。当時、私は公明党を解党してつくった政党、新進党から立候補しましたけど、もとは公明党でしたから、公明党の支持団体である創価学会から推されているということを強調されて、投票日の3日前に怪文書が有権者に送られたりしたのです。それが決定打になったかどうかはわかりませんが、1996年の選挙では自民党公認の新人候補に負けて落選しました。

田原 相手はそんな手を使ってきたんだ。

山口 落選というのは、議員にとってとても厳しいことです。何しろ、翌日から何もなくなってしまうわけですから。収入はゼロになるし、議員会館も数日以内に明け渡すよう言われてしまう。それは冷たいものです。秘書さんもろとも収入がなくなってしまい、これからどうしたらいいんだろうと途方にくれましたね。新進党が落選した議員の生活の面倒まで見てくれるわけでもありませんから。幸い私は弁護士という資格があったので、それを生かすしかないと思い、心ある人を訪ねて、お手伝いできることがあったら、何でもやらせてくださいと頼み込んで、何とか生活をつなぎました。

田原　山口さんにもそんな不遇の時代があったんだ。

山口　ありましたよ。そのとき、周りの人の気持ちがよくわかりました。きのうまで応援してくれていたはずなのに、選挙が終わった途端、手のひらを返したように、「いやあ、山口さんとはもうこれきりだな」と冷たく言い放つ人もいれば、「できることは限られているけど、頑張れよ」と温かく励ましてくれる人もいる。人の裏表というものが身にしみてわかりました。落選したほかの党の議員さんを見ていると、秘書さんたちはほとんど離れていくんですよ。生活がありますし、家族がいればなおさらで、次、当選するかどうかわからないような候補者と一緒にはいられませんからね。当然、次の就職先を探しますよ。だけど、ありがたいことに、当時から秘書を務めていた出口俊夫さんは、落選した私についてきてくれたのです。

2度の落選を経て参議院で返り咲く

山口 ほかにも数名の秘書が、一緒に頑張りましょうと言って、ついてきてくれました。だから、十分なことはできないけれども、とにかく、最低限の給料が払えるように、自分も生活できるように、必死に駆けずりまわりました。何とかそれを維持して、次の選挙を迎えるわけですが、ここでもまた自民党の候補と戦うわけですよ。

田原 何、また自民党と戦った？

山口 はい。自民党公認候補と小選挙区で2回戦ったのは、公明党の歴史の中で私しかいません。ほかの候補者は選挙区で自民党と対抗しないように候補者を調整するのです。自民党と他の政党の候補者とでは、地域に対する基盤がやっぱり違います。もちろん、自民党の候補者も厳しい批判を受けることがありますが、地元での根強い基盤というものがあるわけですよ。そこで2回目も叩き落とされました。しかも、2回目は直前に自自公連立政権が誕生しました。本来なら与党内で候補者同士、選挙区を調整するものですが、私の選挙区では調整しきれなかったため、同じ与党でありながら、自民党公認、公明党公認でぶつかるんですよ。

田原 2度もひどい目に遭うなんて、山口さんはついてないね。

山口 公明党の選挙の歴史上、山口那津男しかいませんよ、こんな経験をしたのは。街頭演説をやっていると、自民党の現職が来て、ぶつかることがあるのです。そうすると、自民党と公明党は中央で連立を組んでいるんだから、今度は山口那津男を公認しろとか、いや、現職だとか、地方議員同士で言い合いになったりするんですよ。ただ、現職を公認しないで非現職を公認するということは、常識的にあり得ませんので、そのまま激突です。でも、その中でも応援してくれる人がいて、以前より多い得票をいただくことができました。敗れたとは言え、私にとっては忘れられない選挙です。地域の方たちや有権者に対する恩があるので、それは絶対に返さないといけないと思っています。でも、小選挙区で2回落ちれば、政治生命は絶たれたも同然ですから、地元では、「あれ、山口さん、まだいたの？　もう、とっくに出て行ったと思ってたよ」と、そういうことを言う人もいました。

田原 そんな意地悪なことを言うやからがいるんだ。山口さんはそれにも耐えた。

山口　翌年、２００1年の参議院選挙で戦う機会をいただいて、今度こそ勝たなければという思いで再び挑戦を開始しました。そこで何とか議席を確保できたときはこみ上げてくるものがありました。当選した後、選挙区内で挨拶まわりをして、党員の会合に出たら、あるお年寄りが、「山口さん、どうだい、参議院に格落ちした気分は?」と言うわけですよ。随分きついことを聞く人がいるもんだなと、一瞬思いましたけど、いやいや、この人は私を試しているんだと。そこで、会合では次のように挨拶しました。確かに世間では、衆議院と参議院には格の違いがあるとおっしゃる人もいるかもしれません。私も衆議院選挙で2回落選して、もはや、政治生命は絶たれたと、自分でも思いました。しかし、もう一度いただいたチャンス、これはぜひとも生かさなければなりません。それに、衆議院はいつ解散があるかわかりませんが、参議院は解散がなく任期が6年間あります。この時間を生かして、衆議院時代にはできなかった課題に取り組むことができる、それは参議院のよさだと思います。これからはそれを生かして、長期的な課題に挑戦しながら、みなさんにご恩返しをさせていただきたいと思っています、と。

田原　その思いは伝わったんじゃないですか。

山口　私にきつい質問をされた方が納得されたかどうかわかりませんが、うなずいて聞いてくださる方も何人かいらっしゃいましたから、少しは思いが伝わったのだろうと思います。2度の落選から参議院で当選するまで、そうやって試練と挑戦を繰り返してきました。

党の顔として全国をくまなく訪ねる

田原　参議院議員になってからは何に取り組まれたんですか？

山口　まず一つはアフガニスタンやカンボジアなどでの対人地雷の除去です。これは初当選の翌年の1991年、PKO（国連平和維持活動）協力法をつくる前に、まだ内戦状態のカンボジアで行って以来、ライフワークとして志していたものなのですが、参議院に返り咲いたとき、腰を落ち着けて取り組もうと決めました。何とかして日本の技術を導入したかったので、経済産業省に地雷除去機の開発のための研究開発予算をつくってもらうよう交渉し、機材をアフガニスタンやカンボジアに送りました。ある機材は地雷を除去した後は土地を耕せるトラクターの役割を果たせるような仕様に開発してもらいました。つまり、除去後、同じ機材を使い土地をならし、畑にする、一石何鳥にもなるのです。その結果、カンボジアの土地が農地としてよみがえりました。危険がなくなれば、人が

初当選直後から地雷除去支援に一貫して尽力。地雷探知機による除去訓練を行う山口那津男代表（中央）＝アフガニスタンで。2004年8月28日、公明新聞提供

定住し、農耕が始まり、経済活動ができるようになるんですよ。その活動は今も地道に続けています。公明党の中にある外交安全保障部会に地雷除去支援小委員会を設置し、今、若い議員が活動を引き継ぎ、一緒に取り組んでいます。

田原　でも、2009年に代表に就任してからは、自由に動きまわることはできなくなったんじゃないですか？

山口　いやいや、田原さん、むしろ逆です。全国津々浦々まわりました。おそらく1年間で日本3周ぐらいしていたと思います。与那《よな》国島《ぐにじま》や南大東島《みなみだいとうじま》といった沖縄の離島にも行きましたし、北海道は稚内《わっかない》の先のほうまで行きました。すると行った先で、何でこん

なところまで公明党の代表が来るんですかと、みなさん、不思議そうな顔をされるんですよ。そのたびに、公明党は現場主義なんです、みなさんが普段どのような暮らしをして、何を望んでおられるのか、じかにお聞きするのが公明党の活動基盤ですとお伝えしました。むしろ、今まで来られなかったことが申し訳ないくらいですという話をすると、相手との距離がどんどん縮まってくるんですよ。本州から遠く離れた離島の人にとっては与党も野党も関係ありませんから、行くとみなさん集まって来てくださるんですよ。

田原 政治家とじかに話すことなんかないだろうからね。

山口 代表に就任して一番驚いたのは、ある支持者の方が、自分は公明党の前身、公明政治連盟のときから党の活動家として下支えをしてきたけど、党の委員長や代表に間近で会うのは山口さんが初めてだと言われたことです。そのとき、思ったんです。党の代表でございといって、党本部にでーんと構えているだけでは、国民のことなど何もわからない。もっともっと現場をまわって、そこに暮らす人の声を聞かなければ本当の意味で人々の役に立つことはできない。それができるのは解散に身構えなくていい、参議院にいるからなのです。自分は参議院で議席をいただいた党の代表として、やれる限りのことはやろうと決めて現場を訪ね歩くことにしました。その取り組みは今も続けています。

第3章

新型コロナウイルス感染症対策

コロナ禍における公明党の役割

日本で史上初の緊急事態宣言が発令

田原 2020年、日本は未曽有の危機に襲われる。新型コロナウイルスの感染拡大だ。2019年12月に中国・武漢から始まった感染は全世界に広がり、日本でも感染者が増加。各自治体が自粛を呼びかけるも感染者、死者の数は増え続け、4月7日、政府は史上初の緊急事態宣言を発令しました。さて、そこでだ。アメリカやヨーロッパの一部の国では3月中旬に非常事態宣言が出されたのに、日本はそれに比べ1カ月近くも遅い。日本の緊急事態宣言発令はなぜこんなに遅れたんですか。

山口 緊急事態宣言を出せば、経済活動に大きな影響を及ぼしかねませんから、政府がかなり慎重になったということはあります。

田原　僕は安倍晋三さんに、財務省が反対したのか、財務大臣の麻生太郎さんの反対に抵抗できなかったのかと聞いたの。そしたら、全然違うと。公明党も含めて、ほとんどの閣僚が反対した。何でだと。そしたら、実は、つい数カ月前、新聞もテレビも、日本の財政事情は先進国の中で最も悪い。債務残高は1200兆円、日本の政府債務比率はGDP（国内総生産）の約230％、こんなに財政事情の悪い先進国はない。このままいけば、10年経たずに財政が破綻すると、どのマスコミも言っている。ここでもし緊急事態宣言を出せば、100兆円以上が必要になる。そんな大金を使ったら、日本経済は破綻すると言って、みんな反対したと。しかし、アメリカやヨーロッパを見ると、今は明らかに有事、つまり戦時であると捉えている。日本は、第二次世界大戦後、戦争はしない、だから戦時はないと考えてきたのだが、今やコロナウイルスと人類との戦い、つまり戦時だと。そういうことがわかったから緊急事態宣言を発令することになった、安倍さんはこう言っていました。

山口　緊急事態宣言が現実味を帯びてきた3月下旬というのは、第1波によって打撃を被った人たちをどう助けるか、その緊急経済対策を組み立てている時期だったのです。3月の本予算が成立した頃から計画を進め、対策案をつくって、4月7日にようやく緊急経済対策がまとまった。そのタイミングで初めて7都府県に緊急事態宣言を出したわけです。しかし、極めて厳しい結果をもたらしました。

田原 それに関係しているかもしれないけど、もう一つの問題は、日本の緊急事態宣言には罰則規定がなかったこと。ヨーロッパ諸国やアメリカの各州では非常事態を宣言すると同時に外出禁止令を出すなどして、これに違反したら罰金、あるいは、逮捕されてしまうこともありました。でも、日本は緊急事態宣言を発令し、外出自粛要請を出したけど、これはあくまでお願いで、罰則規定はなかった。これはどう思う?

山口 日本は、今の憲法のもとで人権が保障されています。特別措置法も権力行使をしないという基本的な考え方に従い、つくってありますから、諸外国のような罰則規定を伴った都市封鎖はすべきではないという考えなのです。

田原 そうすると、ヨーロッパやアメリカと日本は違うわけ?

山口 違います。

田原 どこが違うの?

山口 強制力を持ち人権を制約することについては抑制的であるというのが、日本の立場です。

田原 そこが公明党の甘いところだよ。そんなことを言っていて、感染者が増えていったらどうするの？　実際、緊急事態宣言を解除した後も感染者はどんどん増え続けているじゃない。それでも罰則規定は絶対設けない？

山口　いやいや、絶対に設けないとは言いません。ただし、やる際にはきちんと国民の理解を得る必要があります。また、こうして感染者が増えている状況で、国民の中には、ひょっとしたら、強制力を伴った措置が必要ではないかと考えている人もいるかもしれません。しかし、その一方で、4月に緊急事態宣言が出されたことで、極めて強い制約を受けた人も大勢いました。飲食業や観光業、さらにレジャー関連の事業などに従事されている人は大打撃を被ったわけですよね。その点でも慎重に進めるべきなのです。

二転三転した政府の現金給付案

緊急事態宣言発令により、自粛を余儀なくされたことで収入が減った世帯に向けて政府は、現金30万円を支給すると発表した。しかし、「世帯主の収入が住民税非課税水準まで減少した場合」など、給付条件がわかりにくいとの声が噴出。さらに、世帯人数が増えれば、それだけ1人当たりの給付金が減ることなどから不公平感を指摘する声も高まった。そうした批判の声を受け、公明党は減収世帯への30万円給付を、すべての国民を対象に一律10万円を給付する特別定額給付金に切り替えるよう安倍総理に強く迫る。これを受けて、４月17日、安倍総理は記者会見を開き、減収世帯への30万円給付を撤回、一律10万円の給付を行うことを発表した。

田原 最初政府は、個人で収入が前年度の半分以下になったなど、いわゆる減収世帯へ30万円を給付するという施策を打ち出した。ところが、それに対して、公明党の山口さんが、減収世帯へ30万円を給付するのではなく、特別定額給付金として、全国民に一律10万円を給付すべきだと迫った。それはなぜなのか。

山口 やはり、国民が本当に求めていることに、政策が追いついていないという、このズレを痛いほど感じたからです。減収世帯に30万円を給付する案はあまりにも評判が悪かった。こういう時代ですので、インターネットやSNSなどを通じて党本部にも私自身のところにも、批判の声がどんどん届きました。本当に驚くほどでした。

田原 何で30万円給付案では駄目なの？

山口 まず、世帯単位で配ろうという発想がいけない。今、子どもが親元から独立したり、それぞれの事情から別居していたり、生活形態は個々の家庭によって多様であり、必ずしも一つの単位でまとまっているわけではありません。ですから、個人を中心に考えるほうが、今の時代の流れに合っているというのが一つの理由です。それから、世帯単位で給付金を支給するとなると、それぞれの家族構成がどうなっているかを調べるのに、また時間がかかります。さらに、そこに所得の制限を設けるわけですから、申請する側も計算の手間がかかるし、行政側は提出された書類をもとに、申請者が条件に当てはまるかどうかの審査をしなければなりません。

田原　その審査が面倒くさい。実はインチキな申請をしているんじゃないかとか調べなきゃいけないわけだから。

山口　そういうことが起こり得ますね。その審査を誰がやるんですか、ということです。書類配付は自治体にやっていただくとしても、審査まで自治体にお願いするとなると、大変な手間になることは容易に想像できます。さらに、生活は困窮しているのに、条件に合わず、給付を受けられなかったという人が出てくる恐れもある。

田原　何であのウチはもらえて、ウチは駄目なんだとか。

山口　そういう不満や反発が一気に押し寄せるでしょうし、ひょっとしたら分断が起きるかもしれない。与党の一部には、一律10万円の給付は第2次補正予算でやったらどうかという意見もありましたけど、そうすると、支給も遅れるし、財源もより多く必要になります。30万円給付で国民の不評や不満を買い、さらに自治体からブーイングが出た後に一律10万円を給付しても、逆に効果が薄れてしまうと思ったのです。

田原 山口さんが安倍さんに迫った同じ時期に、自民党幹事長の二階俊博さんも所得制限を設けたうえでの10万円給付について言及したね。

山口 ああ、そうでしたね。

田原 二階さんは山口さんと連携していたんですか。

山口 いいえ、まったく連携はありませんでした。いきなり、二階さんが記者会見を開いて、10万円給付について言及されたので、ちょっと驚きました。けれど、二階さんでさえ、そういうことをおっしゃるわけですから、やはり、10万円給付に切り替えるべきだと。ここは事態を冷静に見つめて、総理とじかにお話しするしかないと思い、二階さんが記者会見をした翌日の朝、公明党の役員会で協議をした後、すぐ安倍さんに連絡し、申し入れをしました。

田原 なるほど。この件に関し、公明党内部では会議をやっていたんですか。

山口　実は一律10万円給付の案は、ずいぶん前から公明党内部で出ていましたし、政府にも提案はしていたのです。

田原　二階さんが言うより、もっと早く？

山口　そうです。３月28日に安倍総理が第１次補正予算の編成方針というものを出すわけですが、その時点で、すでに世帯単位で給付金を支給するという枠がはめられてしまった。公明党は３月31日に一律10万円案を提案しました。すると、自民党も同様の案を出してきました。ある新聞が、安倍総理も所得制限をつけないで、１人10万円を給付すべきだというアイデアを持っていたと報道しました。ところが、財務省がその案を覆《くつがえ》した。そこで、公明党の斉藤鉄夫幹事長が粘ったけど、児童手当を１万円上乗せするのがやっとだったと、新聞にはこう書いてありました。自民党が望み、公明党が要求し、安倍総理も同じことを考えていた。じゃあ、世帯ごとに30万円を支給するという案は、一体誰が決めたんでしょう。総理、このままでいいんですかと、強く迫りました。

田原　なるほど。山口さんの言うことを、安倍さんはよく聞きましたね。山口さん、自公連立をやめるって言ったんじゃないの？

山口　とんでもない、そんなことは言っていませんよ（笑）。当時、よくそういう報道がありましたけど、連立離脱などということは、私は一切言っていません。ただ、国民の思いを読み誤ると、政権そのものに対する信頼が大きく揺らぎますよ、ということは申し上げました。特に緊急事態宣言を出した後、事態は大きく変化しています。だから、今から減収世帯に限り30万円の給付を行っても、不評を買うことこそあれ、ああ、政府のおかげで助かったと喜ぶ人は少ないでしょうと申し上げました。

閣議決定を覆した強い信念

一律10万円給付決定までの舞台裏

田原　山口・安倍会談は、時間にしたらどのぐらいですか。

山口　時間にして、まあ、30分ぐらいですかね。私が特に強く申し上げたのは、政府与党の風通しが良くない、意思疎通が十分になされていないということです。国民の声がきちんと政府に届いていないのではないかと思われる現象がいくつもある。やはり安倍さんには、国民の声をしっかりと受け止めていただきたいと。今から減収世帯への30万円給付を一律10万円給付に切り替えれば、大きな混乱を呼ぶでしょう。安倍さんのほうから、誰かのメンツがなくなるとか、あるいは、かえって予算の成立が遅れるとか、いろいろな反論もありました。しかし、それに対しては一つひとつ丁寧に、解決策を提示しました。例えば、予算の成立も、連休明けではなく、今からやれば、月内に間に合いますということを、裏付けを持って強く申し上げました。

田原 30万円の給付を一律10万円に変更するのは、山口さんにとっても大きな決断だったわけだよね。

山口 もちろんです。だって、私も一度は30万円給付を決定した責任者ですよ。それを覆すわけですから、こちらも恥を忍んで申し上げる覚悟でした。「ちゃぶ台返し」と言った人もいますけど、まさにその通りです。だけど、やるべきではないとわかっているのに、そのまま漫然と実行するよりは、たとえ苦渋の決断であったとしても、国民の声に従い、10万円給付を実行したほうがいいに決まっています。国民は必ず評価してくれるに違いないと、固い信念で安倍さんと向き合いました。

田原　安倍さんの反応はどうだった？

山口　驚いていましたけど、よく私の話を聞いてくださいました。ただ、やはり、総理大臣という立場で、政府の意思決定の手続きの重さとか、それに関わった人たちの苦労とか、そういうところをとても気にされていました。もちろん、それはとても大事なことです。私自身がそれを痛感しながらも、こういう異例のことをやっているのだということを理解いただきたい、ここで決断できるのは総理と私しかいないのですと、お話ししました。私が安倍総理とお会いする前に、違う担当者同士、例えば、政調会長同士でいろいろ議論をしたんですよ。だけど、話が平行線でなかなか前に進まない。あまりにも課題が大きすぎて、政調会長の判断だけでは決めきれないということを痛感しました。これはもう、安倍総理に直談判をしなきゃいけないと思い、一度目は4月15日にお会いして提言し、翌16日にも朝から何度か電話をして、強く迫りました。安倍総理が心配するところを一つひとつ丁寧に解きほどいたうえで決断を促し、その日の夕方、一律10万円の給付が決定されました。

田原　一度、減収世帯に30万円を給付すると閣議決定をしておきながら、急に一律10万円給付にした、安倍総理は無責任であるとマスコミは叩きましたね。何事も自分で決められない、だらしなさを露呈したと。それについて山口さんはどう思いますか。

山口　そうでしたね。しかし、30万円の給付については一度閣議決定したわけですから、私も含め、関わった人間はみな同罪ですよ。それでも、この案は転換したほうがいいに決まっている。その決断ができるのは、やはり、最高責任者の安倍総理と与党公明党の代表である私です。この2人が責任を持ってやるべきなのです。一度、閣議決定したということは実に重い意味を持ちます。ですから、これを軽々しく覆してはいけないというのは大原則です。にもかかわらず、国民の不安は募る一方です。そのスピードに政策決定から実行までに時間差があり、追いつかない。機敏な転換も必要だ。そこはもう、決断のしどころでした。

田原　それで4月17日に一律10万円給付が発表されることになった。

山口　そうです。全国に緊急事態宣言を広げた16日の夜、正式に予算を組み替えることになり、翌日に発表されました。実はそこで安倍総理からお電話があり、よかった、おかげさまで、この件で与党の結束がかえって強まったように感じますというお話をいただきました。そのとき、やはり国民の声に敏感にならなければいけないと改めて痛感しました。古いことわざにある「過ちては改むるに憚《はばか》ること勿《な》かれ（過ちを犯したら、躊躇《ちゅうちょ》しないですぐさま改めよ）」と「君子は豹変《ひょうへん》す（君子は過ちを改め、善に移ることがはっきりしている）」をいい意味で実行したことになったと、お互いにそう納得し合いました。

田原 安倍内閣にとってもいい結果になったことは間違いないね。

山口 結果的に、国民のみなさんも評価してくださいましたから。冷静に考えれば、赤字国債を増やすわけで、それは将来の世代につけとして残ることになりますので、その責も負わなければいけない。さらに、大事な意思決定を覆したことを決して慣例にしてはいけない、そういう節度も持つべきだと思っています。安倍さんは国民を混乱させたことを反省するとおっしゃいました。私自身も意思決定をした責任者の一人として、こうした変更は軽々しくやるべきではないと自戒しています。しかし、窮余《きゅうよ》の一策であったということを、忸怩《じくじ》たる思いを持ちながら、今は受け止めています。

給付金支給の遅れから得た教訓を生かす

田原 紆余曲折の末、苦渋の決断をしたにもかかわらず、その10万円がなかなか支給されないという事態が続いた。地方自治体の作業が非常に手間取って遅れたわけですが、これに国民の不満が続出した。

山口 当初、郵送とオンライン、両方で申請ができますとアナウンスしていました。まず、住民基本台帳で割り出した基本情報をすべて印字した書類を、各ご家庭にお送りしました。郵送での申請の場合は、そこに必要事項を書き込んだうえで返送していただければいいのですが、家族の中の誰かがオンラインで自分の分だけを申請するという例も発生しました。住民基本台帳とオンライン申請はひもづけされていませんので、オンライン申請があったものと返送された申請書がダブっていないかどうかの確認作業を行うことになり、それにかなり時間を取られてしまったようです。

田原 当時、マスコミが手続きのややこしさ、遅れを取り上げましたね。

山口 そうでしたね。オンライン申請を推奨する自治体の側も、また利用する住民の側もあまり慣れていないわけです。何しろ初めてのことですから、入力ミスをしたり、あるいは、マイナンバーの暗証番号を忘れてしまったり、いろいろなトラブルが発生しました。

田原 何ですか、それは？　この事務の遅れはどう考えればいい？

山口 今回の給付金以外にも、社会保障や災害の際の公的支援など、今後も必要に応じて国民にお金を支給するケースが出てくると思います。そのときに、オンライン上の手続きをスムーズに行えるよう、マイナンバーカードを活用するための制度改正をする必要があると思っています。実際、今年6月に自民党、公明党、日本維新の会の議員がマイナンバーと預貯金口座を関連づける法案を衆議院に提出しました。

田原　ただ、マイナンバーによって、国民のプライバシーが全部監視されるんじゃないかと懸念する人は結構いますよね。

山口　それは当然です。理想は個人のあらゆる口座をひもづけすることですが、それに抵抗を感じる人も多いはずです。そこで、給付金を受け取るために使う口座だけをひもづけしておくのはどうでしょう。そうして、まずは給付金支給の処理がスムーズに進むところから始めようと考えています。ここで何より大事なのは、プライバシーが侵害されないという保障と信頼。ときどき、役所が得たデータをうっかり漏らしてしまい、ネット上に流出したなどという、とんでもない事件を耳にすることがあります。それは決してあってはならないことです。利便性をアピールするだけではなく、国民が不安に思うことも一つひとつ解消し、信頼を高めていく努力をする。そうしないと、いつまで経ってもマイナンバーの普及は進みません。

田原　僕は今の日本の官僚制度が問題だと思う。基本的に、国民に対するサービス精神がないんですよね。そこを公明党がちゃんとやらなきゃ駄目なんだよ。

山口　おっしゃる通りです。国民の間では、利便性を求める声がどんどん高まっているわけですよね。なのに、日本はこれまであまりにも文書に頼りすぎ、人手に頼りすぎでした。世界はどんどん変化していますから、日本だけ文書や人手にこだわっていたら、どんどん国際社会に後れを取ってしまうと思います。

検査体制の遅れの是非を問う

なぜ日本ではPCR検査が増えなかったのか

田原　医療の話で、ぜひ聞きたい問題があります。日本はPCR検査の数が非常に少ない。2020年6月初旬の段階で、日本の人口1000人当たり1日平均検査件数は0・03なのに対し、韓国は0・25、フランス0・42、アメリカは1・38と言われている。何で日本はこんなに少ないんですか。

山口　一つには、日本がＳＡＲＳ（重症急性呼吸器症候群）、あるいは、ＭＥＲＳ（中東呼吸器症候群）といった、かつて世界で猛威を振るった感染症に対処した経験を持っていないことがあります。どちらも日本ではほとんど患者が発生しなかったことで、この感染症に対応する政策的な経験を持っていません。そのため、ＰＣＲ検査の機材も十分ではなかったのです。

田原　そんなことはない。京都大学の山中伸弥教授が安倍さんとの対談で言っています。どの大学でもＰＣＲの検査器具はいっぱいあると。何でＰＣＲ検査が進まなかったか、それは厚生労働省が許可しないＰＣＲ検査はできなかったからだよ。何で厚労省はＰＣＲ検査を許可しなかったの？

山口　もし、発熱したのでコロナかどうか調べてもらいたいという人が病院に殺到すれば、その対応をめぐって、医療の崩壊が起きかねないと厚労省は判断しました。それが日本でＰＣＲ検査が少なかった二つ目の理由です。だから、新型コロナウイルスの感染が疑われる人を絞り込んで、優先的に検査をしたわけです。重症化を招かないような医療体制を維持しながら、ＰＣＲ検査に対応するという方策を取ったからなのです。

田原　検査を増やすと医療体制が逼迫《ひっぱく》してしまうということだ。

山口　そのことをかなり憂慮《ゆうりょ》していたと思います。コロナ患者の治療は、医師や看護師を含めた医療スタッフがかかりきりであたる必要があります。そうすると、コロナ以外の患者に対する治療能力が低下してしまう。この葛藤の中で苦しみながら検査を絞っていたわけです。しかし、徐々に検査数は増えています、それと反比例するように、陽性率は減少しています。例えば東京では、4月から5月初旬は、検査数が300から500程度で、陽性率が30%を超えることもあったわけです。その後、検査数は10倍ぐらい増え、8月初旬の段階での検査数は約4000、陽性率は6%台まで減りました。

田原　ずいぶん減りましたね。

山口　同様に、重症者数も減りました。PCR検査は、当初、少ない数での滑り出しでしたが徐々に増えていますし、次の大きな波に備え、さらに拡充していく予定です。現在のPCR検査では、偽陰性、偽陽性の疑いがどうしても残ってしまいます。また、喉や鼻の奥の粘液を採取するという方法では、検査される側がくしゃみをしたり、咳をしたりしやすく、それが検体を採取する側の人を感染の危険にさらすことになる。そこで、検査の精度が高く、かつ感染リスクを防ぐ検査方法の開発が始まっています。

田原　それはどういう方法なんですか？

山口　唾液を用いた検査方法です。唾液を2～3cc採取し、分析機関に送り検査します。唾液によるＰＣＲ検査は、検査機関の負担もかなり軽減されますし、無症状の人も検査が可能です。今後は検査の数をさらに増やすことで、感染者を早く見つけ出し、健康な人との接触を避けると同時に、医療体制を充実させ重症化させないような取り組みを進めていきます。

検査体制のさらなる強化を目指す

山口　ＰＣＲ検査はさまざまな制約がある中で、いかに有効に活用するかを考え行ってきましたが、今ある検査方法がベストというわけではありません。これからやってくる大きな波に備えて、唾液によるＰＣＲ検査を含めた検査体制をさらに強化しなければいけないと考えています。

田原　抗原検査や抗体検査ですね。実は僕も抗体検査を受けたんですよ。結果は陰性でした。もう少し時間が経ったらまた受けようと思っていますが。

山口　田原さんが受けられた抗体検査は、新型コロナウイルスに感染したことがあるかどうかを調べるものです。この抗体があれば、再び新型コロナウイルスが体内に侵入しても、抗体がそれを排除してくれるので、感染しない、あるいは軽症で済むのではないかと期待されています。この抗体の形成を確認することで、例えば、ワクチンができたときにどれくらいの量を用意すればいいのか、また、治療薬の備蓄量を考える際の目安になります。今後は、ＰＣＲ検査をはじめ、それぞれの検査の特徴を組み合わせて使いこなすという体制が整えられていくはずです。

田原　じゃあ、これから検査はどんどん増えていって、我々はもっと手軽に受けられるようになるわけだね。

山口　はい。感染拡大を防ぐと同時に、国民の不安を解消するという意味でも、ＰＣＲ検査や抗原検査に加え、田原さんが受けられたような抗体検査まで含め、検査体制をしっかり整えていく必要があると思っています。また、ＰＣＲ検査においても、先ほどお話しした唾液で簡単に検査ができる方法など、新しい技術がどんどん開発されています。陰性か陽性かが正確、かつ迅速に判明するようになれば、安心して日常生活を送れるようになるでしょう。感染を防ぐために全員の移動を制限するよりは、移動したい人はきちんと検査を受けて可能かどうかを確認する。そうすれば、大勢の人が安心して移動することができるはずです。そうした体制が築ければ、社会活動はもっとなめらかになっていくのではないかと思います。

多角的に進められるワクチン・治療薬の開発

田原 ところで、ワクチンはいつごろ開発されるんでしょうか。

山口 うーん、それは日本に限らず、世界中の人が求めていることですね。治療薬とワクチンの開発には、まず高い技術が必要です。それから、たとえ開発されたとしても、何段階もの臨床試験のプロセスを経なければなりませんし、時間も費用もかかるものです。日本独自でも開発を進めていく必要がありますし、もし先に海外で効果の高いものが開発されたとしたら、それを日本で使えるような環境整備も併せて進めていかなければならないと考えています。

田原 数週間前に、イギリスのオックスフォード大学で、2020年9月に実用可能なワクチンができそうだというニュースが流れました。おお、それは素晴らしいと喜んだら、その後すぐに、実はその可能性は5割しかないというニュースが出た。一体どうなっているんだろう。

山口 薬品業界内部で熾烈な競争が行われていますから、先に自分たちが開発した薬を実用化し、売れ行きを確保しようとするのでしょうね。今、有望視されているのは、アメリカの製薬大手ファイザーが研究に取り組んでいるワクチンです。これが成功した際、日本に1億2000万回分、つまり、6000万人に2回ずつ打てる量の供給を受けることで基本合意しています。続いて、イギリスのアストラゼネカが開発中のワクチンについても同様の予約をしました。また、治療薬についても、例えば、アビガンなど既存の治療薬とその他の治療薬を併用し、効果を上げている例も出てきているので、これについても、しっかり取り組んでいくことを政府与党連絡会議で安倍総理と確認し合いました。とにかく効果が発揮できるものを一日も早くつくり出して、できるだけ多くの人が使えるようにするため、各国の協力が重要だと思いますね。

田原 そのワクチン開発に関し、イギリス、アメリカ、中国の名前は出るんだけど、日本の名前が出ませんね。

山口 そうですね、日本は、やや後れを取っているかもしれませんね。ただ、日本でもワクチン開発に名乗りをあげているところもいくつかあり、なかなか有望なアイデアを持ちながら努力しているとは聞いています。第2次補正予算でワクチン開発のための予算も用意しましたので、これからに期待したいと思っています。

田原 じゃあ、いずれは日本製ワクチンも登場するかもしれないわけだ。

山口 はい。ここで大事なのは、治療薬にせよ、ワクチンにせよ、それを開発する機関への支援と、開発して完成したものを国民に滞りなく供給する体制、この両方が必要だということです。日本はそのどちらに対しても支援措置を取っていますし、そのための国際協力も行っています。例えば、「GAVIアライアンス」というワクチンと予防接種のための国際機関がありますが、日本は以前からこの機関に資金を提供し、ワクチンの開発・普及を支援してきました。今回、このGAVIアライアンスにもっと力を入れるべきだと、公明党から外務省に強く要求をしました。つまり、日本独自の開発・普及も大事ですが、国際協力によって諸外国と助け合う道をつくっておく必要もあるのです。国民がワクチンや治療薬を使えるよう、今、あらゆる角度から対策を進めているところです。

公明党が目指す新型コロナウイルス感染症への予防措置

見直しが望まれる医療体制

田原 僕はいろいろな病院で話を聞いているんですが、多くの病院がコロナ患者の対応に時間をとられて、ほかの病気の治療が非常に遅れているらしい。例えば、がんの手術ができなくて、患者が死亡してしまった例もある。僕はそれがすごく心配だった。もっと早い時期からコロナ治療専門病院とそれ以外の病院を分けるべきだったと思うよ。

山口 それは教訓にしなければなりません。多くの医療関係者から指摘されたことですが、私が強く思ったのは、やはり、医療における戦略を立てておくべきだったということです。東京には、大病院が集中しているのですが、その中には、都立病院の系統、国立病院の系統、大学病院の系統、さらに、国公立の大学病院と私立の大学病院とさまざまなグループがあり、それぞれ規模も経営状況も違います。それなのに、東京都はすべての病院にコロナ患者用の病床を用意してほしいと要請したんですね。今考えれば、この方法は少々問題がありました。これは反省すべき点です。本来であれば、公的支援を受けられることを前提に、公的病院が優先的にコロナ患者を引き受けるという役割分担をすべきだったと思います。

田原　東京都がコロナ専門病院の設置を進めていると聞きましたが。

山口　はい。これまでの教訓を生かして、渋谷区の東海大学医学部付属東京病院と府中市にある都立府中療育センターをコロナ専門病院として開設する方針を固めたようです。それに加え、公明党は日本版ＣＤＣ（米疾病対策センター）をつくる計画を提案しています。

田原　ＣＤＣとはコロナ関連のニュースでよく耳にするアメリカの連邦機関ですね。

山口　そうです。１万人以上のスタッフを抱えている機関で、ＥＵ（欧州連合）にも類似の機関があり、韓国や台湾にも存在します。神奈川県川崎市にある川崎市健康安全研究所所長で、政府の専門家会議のメンバーであり、分科会の構成員でもある岡部信彦さんも、感染症対策のための機関を常設すべきであると訴えています。菅義偉官房長官も岡部さんの研究所に話を聞きに行っています。

田原　菅さんも動いている？

山口　そうです。感染症防止対策の司令塔を担う、日本版ＣＤＣ設置に向けた動きが、もうすでに始まっているのです。

公明党の提案で実現した専門家会議

田原　感染拡大防止のための司令塔と言えば、専門家会議の果たした役割は大きいんじゃないでしょうか。常に情報を発信し、感染予防の方法を訴えていたわけですから。

山口　専門家会議からの提案は、今回の感染予防の取り組みの中で、随所に生かされていたと思います。２月のはじめ、横浜港にクルーズ船、ダイヤモンド・プリンセス号が到着した際、専門家と称する人たちがあちこちのメディアに出演し、それぞれの主張を展開していました。それこそ、相反するようなことを、みなさんばらばらに発言していたのです。これでは、情報を受け止める側の国民は何を信じていいかわからないし、戸惑うばかりです。そこで、権威のある、信頼できる専門家を集めて専門家会議をつくるべきだと政府に提言しました。

田原　なるほど。あれは公明党の提言だったんだ。

山口　はい、２０２０年2月14日に設置を提言しました。

田原　それはすごいな。

山口　会議を設置する際にお願いしたのは、ワンボイス、つまりチームとして一体となり正しい見解を発信するような形にしてくださいということです。そうすれば、軸が決まり、国民は迷わずに済むわけです。私が専門家会議を設置して良かったと思うのは、10日から2週間に1度の割合で、状況分析と提言を出していただいたことです。先ほど、田原さんからＰＣＲ検査に関するご指摘がありましたけども、その点に関しても、専門家会議としての分析と今後の対応について率直な意見を聞くことができました。スタッフも機材も限られた中で医療崩壊を起こさないためには、ＰＣＲ検査をどう活用すべきかを話し合い、方針を決めることができた。専門家会議の役割は大きかったと思います。

田原　ところが、その専門家会議は突然廃止され、分科会という新たな専門家組織を組んでスタートを切ることになった。これは公明党には事前に話はあった？

山口　いいえ、まったくありませんでした。だから現場はもめたみたいですね。公明党が設置を提言し、一定の成果も上げてきたのに、何の相談もなく変えるなんて一体どうなっているんだと。

田原　そりゃそうだ。

山口　自民党も知らされていなかったみたいです。政府がそういう勝手なことをやるから、政権批判が高まるんですよ。これまで専門家会議が専門家の集団として、世間が混乱しないよう、アドバイスをしながら感染状況に対応してきたから、初期の段階で何とか感染者の大幅な増加を防ぐことができたと思っていますから、もっと評価されてしかるべきです。

専門家会議から分科会へ

田原　専門家会議が廃止された理由について、山口さんは、どう捉えていますか。

山口　そうですね、会議自体はうまく機能していましたし、専門家の果たす役割はとても重要でした。ただ、2月から3月のはじめにかけて、感染者の8割が無症状だという情報がマスコミに流れていた頃、無症状の人が感染を広げている側面もあるというようなことを、専門家会議がストレートに伝えてしまったことがありました。そう聞くと、見えないところでどんどん感染が広がっていると受け止められ、社会がパニックになりかねないので、もう少し表現を変えたほうがいいという結論になったのです。専門家の見地をストレートに発信するのではなく、いったん政府に伝え、どう発表すべきか、その方法を少し考えましょうという問題提起があったようです。専門家としてはとにかく感染拡大を食い止めなければいけないという、その思いが強すぎたのかもしれませんね。

田原　そりゃあ、専門家としてはそういうふうに言いますよね。

山口　例えば、感染拡大を防ぐために、人との接触を8割減らすべきだというのは、医療の専門家の見地からすれば当然のことですが、政府としては、それが経済に与える影響も併せて考えなければいけない。そうなると、やはり経済や社会学の専門家も会議には必要なわけですよね。それぞれの分野における専門家のアドバイスを受けながら、最後は政府が責任を持って決める、そういう枠組みをもう一度、法律に基づいてきちんとつくり直しましょうということになったのだと思います。その過程をきちんと説明せず、いきなり専門家会議を廃止して、分科会を設置しますと宣言してしまうことが、今の政府のまずいところじゃないでしょうか。

田原　かなりぶつかった？

山口　政権運営というのは、国民との対話がなめらかになって初めて進むわけですよ。それなのに政府が独走しているように見えると、どうしても、つまずくこともあるし、国民の不信も募ってしまいます。そうしたことが、今回のコロナ対策では何度も起きています。そこはしっかり顧みなければいけませんので、今後も、たとえ政府とぶつかったとしても言うべきことは言っていくつもりです。

コロナ禍における移動のジレンマをどう解決すべきか

感染が拡大する中、政府が「Go Toトラベル」キャンペーンを強行

田原　開始当初から問題になっているのが政府の「Go Toトラベル」キャンペーンです。本来は8月上旬に開始予定だったのに、7月22日に前倒ししてスタートした。反対の声も多い中、なぜ強行したんですかね。

山口　感染が地方にも広がっていますから、国民のみなさんが心配する気持ちは十分理解できます。ただ、第1波と比べると、感染の中身は少々違ってきています。確かに感染者の数は増えていますが、20代、30代の方が6割以上と圧倒的に多く、その中には、無症状の方もかなり含まれています。それから、第1波のときと比べると、重症者は低い数字に抑えられています。東京を例にとりますと、7月下旬まではやや増えつつありましたが、8月に入って多少増減し、一定の数字で抑えられています。

田原　つまり、感染者は増えているが、重症者は少ないと。

山口　そうです。

田原　僕は、赤羽一嘉国土交通大臣を見ていると気の毒でならない。野党に突っ込まれるたびに動揺して、いかにも辛そうですよね。

山口　所管大臣として発信しなければなりませんから、赤羽大臣自身も苦しみながら進めていると思います。

田原　赤羽大臣も本音では、Go Toトラベルに反対じゃないのかな。

山口　もともとは感染がおさまってからやろうという方針でしたからね。

田原　だから、それを前倒しにしたのはどうしてかということだよ。

山口　観光庁も国土交通省も、８月に入ってからやろうということで準備していました。しかし、７月23日から26日の４連休を逃す手はないという意見が高まり、前倒し案が安倍総理や菅官房長官のもとで政府の方針として打ち出されたのです。なぜかというと、今年の夏は、学校の夏休みが短くなりますので、その分、ファミリー旅行の需要が減少します。そう考えると、７月の４連休は願ってもないチャンスなのです。観光地としては、このわずかなチャンスに大いに期待をして、政府に働きかけもしたわけです。

田原　確かに７月の連休中、観光地は賑わったようだね。

山口　観光産業というのは非常にすそ野が広く、飲食や宿泊、交通など、そこに関わる人は900万人近くいらっしゃいます。この業界の方々は、４月に緊急事態宣言が出されたことで、ゴールデンウィークを逃してしまった。ですから、次のハイシーズンである夏場にかけていたのです。８月初旬に北海道を訪れましたが、空港をはじめ、観光業に携わる方々がみなさん、Ｇｏ Ｔｏトラベルで７月の連休は観光客が大勢来てくれて、大変助かった、これからも感染対策を十分に施して、夏休みにもどんどん北海道に来てほしいとおっしゃっていました。

沖縄が再び緊急事態宣言を発令

田原 ところが、Go Toトラベルから東京は除外されてしまった。これに関してはどう思いますか。

山口 Go Toトラベルの前倒しを決めた後に、東京で感染が急拡大しました。そこで、小池百合子都知事が7月15日に会見を行い、感染拡大警報を発すべき状況だと語り、東京都民は7月の4連休中、東京都外に移動しないでください、自粛してくださいと呼びかけました。もちろん、東京への旅行を計画していた人もいましたが、事業者の方には、ガイドラインに沿って感染防止対策を徹底してくださいとお願いしました。東京が感染拡大警報まで出して、注意を促している状況で、国がGo Toトラベルを推奨するわけにはいかないということで、東京を除外することになりました。

田原 小池都知事はGo Toトラベルに反対していたよね。政府は「冷房と暖房の両方をかけている」とまで言っていた。一体、どういうつもりなんだと。

山口 確かに東京はそう捉えるかもしれませんね。しかし、神奈川や千葉の知事は、むしろ、

Go Toトラベルには好意的でした。どちらも箱根や東京ディズニーランドといった観光地を抱えていますので、知事自ら宣伝をしていました。そういう中で、国としては試行錯誤しながらも、Go Toトラベルで観光産業を支えていきたいと考えています。感染防止対策を徹底させることで、何とかして社会活動や経済活動と両立できる方法を見いだそうと努力しているわけです。例えば一般企業の場合、テレワークを推奨し、出社をある程度制限したとしても、事業は継続できました。しかし、観光業は、国が支援の手を差し伸べなければ事業が成り立たないわけです。暮らしも立ちゆかなくなるし、地域経済も崩壊してしまう。じゃあ、観光業に携わらない人がお金を出して、その人たちを助けられるかと言えば、それはできませんよね。だから、観光業に携わる人々が自力で事業を継続し、経済的に自立できるようにするためには、感染防止のルールをしっかり守ったうえでGo Toトラベルを行うことが必要なのです。

田原　ただ、沖縄県は知事が8月に緊急事態を宣言しました。

山口　7月末の段階で、沖縄は人口10万人当たりの感染者が日本一でした。

田原　何？　日本一⁉

山口　はい、それまでは東京が一番多かったのですが、東京をはるかに超えて沖縄が日本一になってしまいました。

田原　何で沖縄が日本一なんですか？

山口　おそらく県外から大勢の人が訪れて、人の移動が増えたこと。県内の人も含めて、賑わいが多くなったことが原因ではないかと思います。

田原　原因はやはり、Go To トラベルですよね。

山口　沖縄県側はGo To トラベルとの因果関係は不明であると言っていますが、それで人の動きが増えたことは間違いないと思います。緊急事態が解除されるまでは、沖縄への旅行などはなるべく控えるとともに、現地の医療体制を整えることが求められます。ホテルなどの施設を活用し、軽症者の方にはそこに入っていただく。沖縄にはJICA（国際協力機構）など、国の施設もありますので、そういうところもどんどん開放して、軽症者の方に入っていただき、感染が広がらないような対策を進めていく必要があると思います。

移動の判断を個人にゆだねることの重要性

山口 感染者数が増えていることが、どうしてもニュースになってしまいますが、実は東京でも、いまだに感染者ゼロ、あるいは、ごくわずかしか感染者が出ていない町や村が数カ所あります。檜原《ひのはら》村や奥多摩町は7月の時点で感染者ゼロですから。

田原 人口比率から言えばそうなりますよね。

山口 確かにそうですが、奥多摩町は東京の観光地の一つです。だから、出かけて行く人は感染対策をしっかり行い、迎え入れる側も予防措置を取れば、観光需要を取り戻せる可能性があるはずなのです。同様の地域は、ほかの県にもあると思います。例えば、私の出身地の茨城県では、感染者が出ているのは東京に近い南西部なんですね。日立市をはじめとした北部の市町村は、7月の段階で県全体の1割程度しか感染者が出ていません。

田原 日立もまだ出ていないわけ?

山口 多少はいますよ。でも、感染は散発的でクラスターなどは発生していません。だから、そういう感染者が少ないところで、感染防止対策をしっかり施したうえで、感染していない人が観光を楽しむことは十分可能なわけです。なのに、旅行をすべて禁止してしまうのはいきすぎではないかと思いますね。

田原 お盆の時期に、帰省をどうするかについて、いろいろな議論が巻き起こりましたよね。

菅官房長官は、帰省を控えてほしいわけではないと発言し、各都道府県の首長は自粛を呼びかけていた。この矛盾をどう考えますか？

山口 でも、国には、各知事の対応が異なる中、全国一律に自粛を要請する権限はないんですよ。自粛を要請するかどうかを判断し、具体的な措置を取る権限は各都道府県の知事にあります。さらに言えば、最終的には個人が判断することだと思います。国としては、感染防止対策を施して、無理はしないでくださいと呼びかけることはできますが、一律に行動を制限することはできません。

田原 しかし、沖縄で感染が広がったように、地方で感染者が増えると、どうしても犯人捜しじゃないけど、責任の所在を明らかにしたくなるようです。実際、岩手で初の感染者が出たときには激しいバッシングが起こった。

山口 感染したのは不注意じゃないかという批判が、当事者に集中することは、ほかの県でも起きました。しかし、悪いのは新型コロナウイルスであって、その人自身というわけでは決してありません。だから、そういう差別的な言動は厳に慎むべきです。行政も、個人を特定されないよう配慮することが必要だと思います。

コロナ後の社会をどう生きるべきか

ウィズコロナ・アフターコロナの経済活動

田原　「ソーシャルディスタンス」とか、「新しい生活様式」とか、いろいろ言われていますが、これからの社会はどうなっていくと考えていますか？

山口　今までのように、たくさんの人の動きや、多くの人々が狭いところに集って人手をかける働き方などにも変化が起きると思います。むしろ、人の動きを何割か減らさざるを得ない。そういう中で、一定の収益を上げる、あるいは、経済成長を保っていくためにどうしたらいいかということを考えざるを得ないですね。ただ、まだまだ感染が続いていますので、最終的にどういう形で落ち着くかということはつかみきれていないというのが現状です。しかし、それぞれの分野で、ポストコロナの社会のあり方について中長期的な見通しのもと、再編成する作業がこれから必要になってくると思います。公明党としても、その点に注目しながら活動を行っていきます。今年は9月に党大会が開催されます。毎年そこでは、政策の方針、あるいは政党としての活動の方針などを打ち出すわけですが、今回はポストコロナの社会全体のあり方についての視点も取り込んだうえで、公明党のネットワーク力や、現場に根ざした力を生かした提言、政策立案に挑戦していくつもりです。

田原　当然、収益も落ちていく、そこをどうカバーするかが問題だ。

山口　今、そこが非常に大きな課題です。芸術にしても、スポーツにしても、今までのような楽しみ方ができなくなっています。じゃあ、元に戻るかと言うと、誰もそうとは断言できない。映画館や劇場などが少しずつ営業を再開させていますが、座席の前後左右の間隔を1席ずつ空けるなどしていますから、すぐに収益が元に戻るわけではありません。そうすると、今後は違う楽しみ方が生まれるかもしれませんね。演劇や音楽ライブなどのネット配信が始まっていますが、そうしたスタイルがさらに増えていくでしょう。ネット配信のいいところは、観客がどこにいても楽しめること。例えば、映画にしても、大勢で見たい人、一人静かに見たい人と、それぞれ違いますよね。私は映画を見る際、一人で、できれば最前列に座ってかぶりつきで見たいタイプなので、家に大画面のテレビがあって、そこに新作映画が配信されれば、それで十分満足なわけです。だけど、スクリーンの大迫力が魅力で、どうしても映画館でそれを味わいたいという人は感染予防を施したうえで劇場に足を運ぶことになる。つまり、それぞれのスタイルで映画や演劇、音楽ライブなどを楽しむようになるではないでしょうか。

田原 これまではみんなが同じ場所で、同じ体験をすることに魅力があった。これからは、個人に合わせて楽しみ方が細分化されていくのかもしれませんね。

山口 それによって、価格設定が変わるかもしれませんね。場合によっては上がることもあるかもしれない。価格は需要側と供給側の状況で決まりますので、薄利多売がいい、いや、付加価値をつけることに意味があるなど、いろいろな考え方があると思いますので、どちらがいいとか悪いとか、一概には言えません。ただ、田原さんがおっしゃるように、今後は楽しみ方が細分化されていくと思いますので、その状況に応じたサービスの提供と価格設定を考えていくことになるのではないでしょうか。

オンライン授業が子どもの可能性を広げる

山口　感染拡大を防ぎながら、日常生活に対応していくにはどうしたらいいかということは、あらゆる分野で問われてくるでしょう。もちろん、誰にとっても初めての経験なので、慣れないことばかりだと思います。しかし、生活様式の変化は感染拡大を防ぐことに加え、プラスの効果もたくさん生み出しています。例えば、オンライン授業。教材を準備するのに時間と手間がとてもかかって大変だった。しかし、いざやってみたら、画面を通して児童・生徒、一人ひとりとマンツーマンで向き合うことができて、かえって子どもたちも喜んだという教師の声があります。中には、不登校ぎみの児童・生徒が、誰よりも一生懸命に課題に取り組み、それをきっかけに自己主張ができるようになったという、うれしい声も聞こえてきます。

田原　それは大きな成果だ。

山口　映像を駆使することができるのも、オンライン授業のメリットですね。社会や歴史では内容をミニドラマ化するなどして、教室とは違った教え方もできるかもしれませんし、教育現場では新しい発想がどんどん広がっています。オンラインを駆使することで、教育に新しい可能性を見いだしたという声は多く聞こえてきますよ。積極的にオンライン授業を取り入れている学校は、ほとんどカリキュラムに遅れが生じていないという報告も受けています。

田原 ただ、全員が自宅にパソコンを持っているわけではないから、授業に参加できない子どもも出てきちゃうんじゃないの？

山口 そこが問題なのです。端末を持っている子どもと持っていない子ども、つまり家庭によってオンライン教育の格差が出てしまう。地方の公立学校ほど端末の導入が遅れているという報告もあります。そこで、公明党では、4月7日に閣議決定された政府の緊急経済対策に含まれていた、小中学生に1人1台の端末を整備する「GIGAスクール構想」を前倒しで実施するよう、その予算づけも含め、政府に働きかけているところです。うまくいけば、2020年度中にはそうした問題が解消されていくと思います。

遠隔診療の道を開く、オンラインでの連携

田原　医療の現場でも、どんどんオンライン化が進むようになりました。

山口　以前なら考えられませんでしたけどね。医師は患者さんの顔色や息づかい、目の動きなどを総合的に見て初めて的確な診断が下せるものだと思われていました。そのため、対面診療が重要視されていましたよね。しかし、感染の心配もあり、対面して診療することができなくなった。やむを得ずオンライン診療を始めたわけですが、これが患者さんにとって意外と便利なことがわかってきました。特に感染リスクの高い高齢者が病院に出かけて行く必要がなくなり、長時間、外来の受付で待つこともなくなりました。今後、かかりつけ医制度がもっと普及すれば、マンツーマンでの医療がしやすくなるかもしれませんね。

田原　やってみたら、案外メリットが多かったと。

山口　そうですね。公明党でもオンライン診療の普及に取り組んできましたが、遠隔診療の可能性を強く実感しています。日本には離島がたくさん存在しますよね。しかし、そこに

は大きな病院がなく、小さな診療所しかありません。ですから、島の診療所では手に負えない急患や重症患者が出た場合、自衛隊のヘリで本土の大きな病院に搬送しなければいけないわけです。しかし、2020年に、5G（第5世代移動通信システム）サービスが開始されたことで、高精細な画像を瞬時に送信できるようになった。これによって、診療所の医師が患者のデータを、例えば大学病院のような医療機関に送れば、そこにいる専門科の医師とタイムラグなくコミュニケーションを取りながら治療を行うことができるのです。そのための医療設備を整えるのは確かに大変ですけど、それさえ整えば、小さな診療所でも、ある程度の医療措置ができるということが実証されつつあります。いずれは遠隔手術も可能になるかもしれません。こうしたオンライン診療や遠隔診療は、新型コロナウイルスの感染拡大を防ぐとともに、都市部に人口が集中する、いわゆる一極集中問題を解消することにもつながるはずです。

テレワークの普及で一極集中は解消されるか

田原　感染拡大を防ぐため、自粛期間中は多くの企業がテレワークを取り入れました。緊急事態宣言解除後も、テレワークは続いている。これは今後の社会を見通すために、とても大事なことだと思うんですよ。

山口　おっしゃる通りです。これもまた、一極集中の解消に役立ちます。

田原　テレワークができれば、はっきり言って、東京に住む必要がなくなるわけだ。

山口　今、東京郊外の住宅やオフィス需要がじわじわと増えてきているそうですよ。自宅でテレワークをやろうとしても、どうしても家族に遠慮してしまい、仕事に集中できないという場合もあるようです。そこで、自宅の近くに仕事ができるスペースを借りようという人が増えているのでしょうね。そうすれば、仕事に集中できますし、都心に比べれば家賃も安い。これもアフターコロナの働き方の工夫の一つですよね。

田原　それはいい。第一、満員電車に乗る必要がない。

山口　感染経路の中で職場が一定の割合を占めていますから。そういう意味でも、安心して仕事ができるようになるのではないでしょうか。

田原　いろいろな分野でオンライン化が進めば、都心に住む必要はなくなる。

山口　私は地方の出身ですから、都市に住みたい人の気持ちはよくわかります。都市に住みたがる動機は、主に三つあると言われています。まず一つ目が地方にいると高度な医療が受けられないこと、次に自分の望む高い教育が受けにくいこと、三つ目が仕事が限られることです。これらを解消するため人々は都市に出たがると言われていました。

田原　でも、そのどれもがオンラインで解消されるわけだ。

山口　これからは、情報化がますます進み、ＡＩ（人工知能）やネットワーク機能を生かした取り組みがさらに広がっていくはずです。そうすれば、自分にとって便利な場所、気持ちが安らぐ場所を複数持っていて、目的に合わせて行き来することもできる。アフターコロナは、そうしたライフスタイルが実現しやすい世の中になっていくと思います。

第4章

憲法改正、安保法制、外交政策

集団的自衛権はなぜ容認されたのか

集団的自衛権は憲法違反か

田原　一番聞きたいのは、2014年、安倍晋三内閣が集団的自衛権の行使を限定的に容認したことです。それまで自民党は絶対に集団的自衛権の行使は容認しないと言っていた。当然、公明党も反対だった。どうして容認することになったんですか?

山口　国際法上、集団的自衛権は持ってはいるけど、憲法上行使はできないというのが政府の一貫した考え方でした。しかし、世界の潮流が変わり、日本を取り巻く安全保障の環境も変化してきたことで、自民党も考え方を変えざるを得なくなったのでしょう。

田原　世界の変化について言えば、第2章でも話しましたが、東西冷戦が終結したことが、日本の安全保障に大きな不安をもたらしました。冷戦が終わってアメリカは西側の極東部分、つまり日本を守る責任がなくなった。岸内閣時代の片務条約では持続できないと言ってきた。

山口　確かに、アメリカとの同盟関係がうまく機能しなくなれば、日本の防衛が危うくなります。そこで、安倍総理は、アメリカが武力攻撃された場合、日本が集団的自衛権を行使できるようにしたかったのだと思います。いわゆるフルスペック（全面的）な集団的自衛権です。しかし、それを認めれば、アメリカがイラクやアフガニスタンのように自国の都合で武力を使うとき、日本も一緒に戦えという事態が起きかねない。公明党はフルスペックの集団的自衛権を決して許してはいけない、何があってもこれに歯止めをかけなければいけないという立場で、断固として反対し続けました。

田原　山口さんも強く反対した。そこで、当時、自民党副総裁だった高村正彦さんと公明党副代表の北側一雄さんが何度も会談を重ね、公明党の出した新3要件を自民党がのむことで、集団的自衛権の一部行使が容認されることになりました。

２０１４年７月、自衛権を使う際の三つの前提条件、「新３要件」が閣議決定された。この3要件を満たせば、自衛措置としての武力行使が可能で、これまで憲法違反だとされていた集団的自衛権の行使が限定的に容認されることになった。

三つの要件は次の通りである。

①我が国に対する武力攻撃が発生したこと、又は我が国と密接な関係にある他国に対する武力攻撃が発生し、これにより我が国の存立が脅かされ、国民の生命、自由及び幸福追求の権利が根底から覆される明白な危険があること

②これを排除し、我が国の存立を全うし、国民を守るために他に適当な手段がないこと

③必要最小限度の実力行使にとどまるべきこと

田原 実はこの新3要件に最初、安倍さんは反対だった。こんなに制約があっては、何もできないと。しかし、高村さんが、これをのまなきゃ自公連立は崩壊すると言い、岡崎久彦さんもそれではのむしかないと言い、安倍総理ものんだのですよ。公明党の本音は、集団的自衛権の一部行使は認めるけど、実際に行使はしない、外交努力でそういう事態を起こさないようにすることだった。

山口 まさにおっしゃる通りです。日本の領土・領空・領海という日本の領域だけにこだわらず、その近いところでも、日本国民の生命、財産が根底から覆されるような、国の存立

の危機であると判断した場合は、日本の自衛隊そのものが攻撃されていないときでも武力を使うことができる。つまり、隣にいる米軍を助けることができると、こういう仕組みに変えたわけですね。それを、アメリカは一歩前進と評価したわけです。以前は、日米安全保障体制があっても、自分の国の憲法に従って、それぞれが対応する形を取っていました。ところが、対応が食い違ったときにどうするのかは議論しない、決めない、だから、動けない、そういう日米安全保障体制だったんですね。しかし、世界情勢が不安定な時代にあって、日本国民を守ることができるような内容にしようということで、この新3要件をつくりました。しかし、他国の領域に入って武力を使うことは決してやってはいけないと、ここはかたく守り抜いたわけです。しかし、国論は二分されましたし、まあ、公明党にとっても大変厳しい議論でした。

田原 僕は、自民党は名を取ることで我慢し、公明党は実を取ったのだと捉えています。実は安保法制懇はこれに大いに不満だった。彼らはフルスペックの集団的自衛権を求めていたのです。逆に、憲法学者の8割以上が、集団的自衛権は憲法違反だ、とんでもないと主張した。野党をはじめ、大手新聞も同意見だった。この点に関し、山口さんはどう考えますか?

山口　それは謙虚に受け止めるべき意見だと思います。もっとも憲法学者の半数以上は、自衛隊の存在そのものを憲法違反と主張していますから、自衛権の行使が何であれ違憲というのです。とは言え、自衛隊の存在そのものは、ほとんどの国民は認めていますし、自衛に限っての武力の行使も容認している。ただし、海外で日本の自衛隊が武力を使うことには断固反対という姿勢です。日本は第二次世界大戦で多大な犠牲を被った。自らも夥《おびただ》しい犠牲者を出し、多くの国に被害を与えた。その悲劇をくり返すようなことが二度とあってはならない。そのためには、他国の領域で日本の自衛隊が武力を使うべきではないというのが大多数の国民の思いなのです。しかし、日本を守るためのぎりぎりのところで武力を行使することはやむを得ない、その線引きをどこにするのかを決めるのが公明党の役割でした。ですから、集団的自衛権限定容認とは言っていますが、実のところは個別的自衛権であると思っています。

田原　実際に自衛隊が行動を起こすことはないということですね。

湾岸戦争で問われた日本の国際貢献のあり方

武力は出さずに、金だけを出す日本

山口　東西冷戦が終わり、国際情勢が不安定になってきたことで、各国が力を合わせないと安定を維持できないという機運が高まっていきました。しかし、日本政府は自衛隊の海外派遣については慎重な姿勢をとり続けていきました。

田原　1990年、イラク軍がクウェートに侵攻。国連安全保障理事会はイラクに即時撤退を求めました。それまでアメリカが主張する武力行動には、すべて反対してきたソ連が初めて賛成したのです。これに応じないイラク軍を武力で撤退させるため、1991年に湾岸戦争が勃発。アメリカを中心とした多国籍軍がイラクに攻撃を仕掛けたのです。国連加盟国である日本も参加すべきだという声が上がったけど、自民党の中にも反対意見

が多くて断念。結局日本は、金は出すけど、自衛隊は出さないという姿勢を取った。このとき、野党である公明党も反対の立場でしたね。

山口 そうです。ただし、日本が決めた総額130億ドルの支援に対しても賛成しにくかった。湾岸の復興のための支援ならと賛成しましたが、本当にそれだけでいいのか、同時に人的貢献も行うべきではないかという声が公明党内で上がり、私も含め、当選したばかりの1年生議員の有志が、湾岸戦争後のクウェート、サウジアラビア、イラン、それから周辺国のヨルダン、エジプト、トルコなどをまわることになりました。クウェートから避難してきたイランやヨルダンの難民キャンプ、イラク軍によるクウェートの油田火災で生じた環境破壊、イラク軍のスカッドミサイルによるサウジアラビアの被害状況などを調査してきました。ところが、湾岸戦争が終わって、「ニューヨーク・タイムズ」の紙面にクウェートに協力してくれた国々に対する感謝の広告が出されましたが、その中に日本は入っていなかったのです。

田原 そうそう、130億ドルの支援をしたというのに、入っていなかった。当時、アメリカは日本のことを「NATO」と言っていたの。"No Action, Talk Only"、つまり、行動せず、おしゃべりだけという意味ですが、もっと言うと、Tは"Talk"じゃなく、その当

山口　時、アメリカの地下鉄などでキップ代わりに使われていた「Token（トークン）」というコインのことを指してもいるんですね。だから、日本は行動せず、コイン、つまり小銭を出しただけだというわけだ。このNATOという言葉はしばらくはやりましたね。日本はあれだけ巨額の支援をしたのに、広告に日本が記されていないのはなぜだと、クウェートを訪れた際、サアド首相に迫りましたが、「いや、いや、日本には感謝している。まあ、気にしないでくれ」と、こういう返答でした。そんなものか、とは思いましたけど、そのとき、サアド首相が、今後、日本に期待するのは、科学技術や医療技術だと言うのです。今、ここで炎を上げて燃えている油田を鎮火してほしい、紛争で傷ついた患者を助ける医療設備を整えるための支援をしてほしいということを強く要望されました。それを聞いて、よし、わかったと。当時、公明党は野党でしたけれども、日本に帰国後、国会の質問で海部俊樹総理を相手に、自分たちが撮ってきた現地の写真をパネルで見せながら、現地の実情はこのようになっていて、こういう支援を求めているということを強く訴えました。その結果、環境調査団と医療調査団が日本からクウェートに派遣されることになったのです。

緊迫感に包まれた自衛隊派遣の壮行会

田原　結局、このときの130億ドルの支援が、その後、日本の国際貢献のあり方が問われるきっかけにもなった。あれ以降、やはり、自衛隊が出て貢献すべきだという声が高まっていきました。小泉純一郎内閣のときには、アフガン戦争で海上自衛隊をインド洋に派遣し、イラク戦争では人道復興支援のため、イラク南部の都市、サマワに史上初めて陸上自衛隊を派遣しました。このときですよね、当時、公明党の代表を務めていた神崎武法さんがイラクに調査に行ったのは。神崎さんは、現地でどういう役割を果たしたんですか？

山口　第1章でも少しお話ししましたが、ヘリに乗って低空飛行して、実際に自衛隊が派遣される予定だったサマワと、その周辺地域を自分で視察したそうです。サマワでは、子どもたちがお辞儀をして挨拶したり、手を振るなどして好意を示してくれたり、案内してくれたオランダ軍の司令官が街の床屋にヘルメットも防弾チョッキも着けずに単身で出かけられると語るなど、状況は落ち着いているということを実感したそうです。さらに現地は日本に、電気、水、医療、交通渋滞解消といった、多岐にわたる支援を期待していることなどを確かめ、イラクへの派遣に賛成することにしたというわけです。このとき、サマワには外務省の現地事務所があり、当時そこで働いていた外交官の石川博崇《ひろたか》さんは今、公明党の参議院議員として活動しています。彼は外交官のとき、首脳会談でアラビア語の通訳を務めたこともあり、今、唯一アラビア語のできる国会議員です。

田原 だけど、そうやって神崎さんが体を張って調査し、安全性を確かめたにもかかわらず、イラクへ派遣された自衛隊は何度か襲われかけましたね。

山口 死傷者が出たら大変なことになると、当時は本当に心配しました。現地の住民と交流をはかるなどして、かろうじて一人の死傷者も出さずに任務を終えることができて、心からホッとしています。初めてサマワに自衛隊の部隊を出すときの壮行会に参加させてもらいましたが、そのときのピリピリした緊張感は今も忘れられません。

田原 え、どんな雰囲気だったんですか？

山口 派遣される人たちがモスグリーンの制服を着て、自動小銃を手に場内に入ってくるのですが、みなさん、顔が引きつっていましたね。壮行会にはご家族も参加されていましたが、親御さん、配偶者の方、お子さんたちもいらっしゃって、そのみなさんが、なぜあんなところに行かせるんだ、政府が命を保障できるのか、派遣される自衛隊員の立場を考えろ、どうやって安全を保障するんだと、厳しい意見を次々投げかけてくるのです。

田原　その声に対して、山口さんはどう応えたんですか？

山口　できる限りの支援を約束します、としか言えませんでした。例えば、衛星通信で家族と対話ができるようにするなどですね。それから、公明党の代表自らが派遣先に行って、現地の状況も確認をしてきました、ということもお伝えしましたが、それで、わかりましたと納得してくれる人はいませんでした。とにかく、最初の緊張感はすさまじいものでした。そういう現場で、自衛隊員とその家族の緊迫した様子を肌で感じた政治家は多くありません。自民党議員も含めて、壮行会に参加したほんの数名ではないでしょうか。まして、今の野党には一人もいません。その経験を通して海外派遣は行かせる側ではなく、行かされる側の身になって考えなければいけない。外務省や政治家が外交交渉を行う際には、実際に現地で活動する人たちのことを、まず考えるべきだということを思い知らされました。

国際平和に貢献するＰＫＯ協力法が成立

田原 集団的自衛権が認められたことで、武力の行使ばかりがクローズアップされていますが、イラク派遣における自衛隊の役割は、水道を整備する、学校を補修する、堤防をつくる、道路をつくるなど、いわゆる人道復興支援だったわけですよね。

山口 そうです。あくまでも人道復興支援で、武力を行使したわけではありません。そもそも自衛隊の主な役割は、国内で発生した地震や風水害などの自然災害はじめ、大規模火災や航空機事故などが起こった際の救助活動を行うことです。1959年に起きた伊勢湾台風のときに初めて自衛隊が大規模な救助活動を展開し、それをきっかけに自衛隊の役割が国民に広く認識されるようになりました。

田原 東日本大震災でも、それから2020年7月に起こった九州の豪雨災害でも自衛隊が活躍しましたね。

山口 そうです。武力を使うこと以外の自衛隊の能力はもっと生かすべきではないかということが、湾岸戦争後に議論されるようになり、1992年、PKOへの自衛隊の参加を可能にするPKO協力法が可決されました。これは日本が人道支援の面で貢献できることは数々ある、そういう能力をもっと活用すべきだという視点からスタートしたもので、私はその頃から国会議員として議論に関わるようになりました。当時、私が取り組んだのは、ＰＫＯ協力法と国際緊急援助隊法の改正です。１９８７年に制定された国際緊急援助隊法では自衛隊の援助は含まれていませんでした。そこで、１９９１年にバングラデシュで起きたサイクロン被害視察の経験をもとに、自衛隊が国際緊急援助活動に参加できるよう法改正を行ったのです。その後、さまざまな特別措置法や有事法制がつくられたり、周辺事態法がつくられたりしていきます。それらを集大成したのが平和安全法制の議論だったと思っています。

田原　実はＰＫＯ協力法が問題になったことがあった。南スーダンへの自衛隊の派遣です。２０１１年に、当時民主党の菅直人総理が派遣を表明し、２０１２年に派遣されました。

山口　派遣されたのは、野田佳彦《よしひこ》政権のときですね。

田原　そうそう、南スーダンでは本格的な戦いが繰り返されていたわけです。２０１７年2月、防衛省が陸上自衛隊のイラク派遣時の日報の存在を認め、その中に「戦闘」の記載があったことが明らかになった。僕は当時の防衛大臣の稲田朋美さんに言ったんですよ、南スーダンは戦争になっているじゃないかと。野党もそう言っているぞと。でも、稲田さんは戦争じゃないと言い切った。こういう矛盾はどう受け止めればいいですか。

山口　野田政権が自衛隊を派遣したとき、我々は野党でしたが、南スーダンの状況を見ると、自衛隊を送るための条件が揃っているかどうか、少々疑問があったのです。しかし、民主党が派遣を決定し、自衛隊は現地で人道的な活動を続けていました。しかし、南スーダンの情勢がなかなか安定しない。そうするうちに、どんどん情勢が悪化し、このまま自衛隊が活動を続けるのは危険が多すぎる、PKO協力法の本来の趣旨から外れているのではないかという議論が政府内で巻き起こり、2017年、安倍政権は自衛隊を撤収させる決断をしました。

田原　南スーダンは問題ありですね。稲田防衛大臣の説明にいろいろ食い違いが露呈した。

日米地位協定は今後どうあるべきか

国内ルールと米軍の地位とのギャップを縮める

田原　次に、日米地位協定の問題にいきます。

山口　２０２０年は改定された日米安全保障条約が発効して60年という節目の年ですね。圧倒的な力のあるアメリカと同盟関係を結ぶということは、日本の外交、安全保障の基軸であることに間違いないと思いますし、60年という長い間、この安保体制があったから、アジアが、そして、世界が安定してきたということも間違いありません。中国でさえも、日米安保はこの地域の安定装置だと評価したことがあります。ですから、この同盟関係はこれからも重要だと思います。ただし、それが偏った関係にならないように、常にバランスを保ちながら、お互いが利益を得ているか、さらに、日米以外の国や地域にとっても効果的であるかどうかを絶えずチェックしていく必要がありますね。そのうえで、日本は日米地位協定の改善、見直しを提案してもいいのではないかと思っています。

田原　実は僕、２０１９年の春から安倍さんに、日米地位協定を改正すべきだと言っているのです。日米地位協定は、いわば占領政策の延長であり、東京の空も沖縄の空もいまだに米軍に占領されている。それに、イタリアもドイツもフィリピンも改正しているのに、日本はできていない。それをできるのはあなたしかいない。ポスト安倍にもできないと言っているんですよ。

山口　同感です。公明党も変える余地があるはずだと、ずっと主張しています。今はアメリカの防衛義務と日本の基地提供義務が釣り合っていると言われていますが、沖縄にあれだけ基地が集中していることについては議論しなければいけないと思います。

田原 日米地位協定に関し、一番大きな問題は、日米合同委員会が絶対権を持っていること。鳩山由紀夫さんが総理大臣だった頃、彼は沖縄県普天間《ふてんま》飛行場の移設先を「最低でも県外」と発言して波紋を呼びました。

山口 当時、新聞がこぞって書き立てましたね。

田原 あのとき、外務省の事務次官と防衛省の事務次官は揃って、それは無理ですよと、鳩山総理に進言した。鳩山総理は、それでも参議院で議論するつもりでいたらしいけど、日米合同委員会でアメリカ側が、普天間の次は名護市辺野古《なごしへのこ》だと決めていたことを外務省の幹部が言い、それを聞いて、鳩山総理は受け入れた。拒否しなかった。実は日米合同委員会の決定は、総理の意思よりも強いのですよ。もしも、鳩山さんが拒否していたら、どんなことが起きていたのか。とにかく、この移設問題がきっかけで鳩山内閣は迷走し、結局、彼は総理と民主党代表を辞任せざるを得なくなった。あのときに鳩山さんが日米合同委員会に対し、ノーと突きつけたら、内閣がつぶされたのかな。

山口 まあ、鳩山政権は日米安保や防衛問題への対応があまりにも稚拙でしたよね。鳩山総理の意思より日米合同委員会の合意を優先するということではなく、小泉政権からの合意の積み重ねで、普天間飛行場を名護市辺野古に移設して返還するようアメリカ側に迫っていたという背景があるのですよ。

田原 だから、僕は安倍さんに、日米地位協定を改正すべきだと言っているんだよ。公明党も言っているよね。

山口 もちろん言っていますよ。日米地位協定検討チームをつくり、検討を重ね、政府に提案しています。そのうえで、2019年の1月に遠山清彦衆議院議員と、河野義博参議院議員が渡米し、アメリカ政府にも申し入れをしました。それがもとになって、2019年の7月に新しいガイドラインがつくられたのです。例えば、米軍機が基地外で墜落などの事故を起こした際は、日本側の立ち入り調査を認めるといった項目を、新しいガイドラインに盛り込みました。これは画期的な出来事の一つです。

田原 それはすごい。

山口 基地の管理に関しては、例えば、横田基地の中に自衛隊の航空総隊などを入れて、共同で管理できるような基礎づくりや準備を重ねているところです。いずれは米軍基地の管制権の一部を日本側に引き渡してもらうことも可能になるはずです。それから、環境汚染も解決しなければいけない大きな問題です。基地内の汚染物質は米軍が処理してくれますが、基地の外に流れ出たものは処理をしない、これは言語道断です。そういった問題も改善していく必要があります。

田原　裁判の問題もあるね。

山口　そうです。昔は、米軍兵士が日本国内で罪を犯しても、日本は手を出すことができませんでしたが、今は殺人や強制性交等のような凶悪な事件に関しては、身柄を日本側に引き渡すようになりました。これを、あまり法律になじまない「好意的考慮」という言葉を用いて、捜査段階から日本側に身柄を引き渡した実例が、すでに5件ほどあります。公明党はこれをもっときちんと地位協定の中に書き込むべきだと主張しています。日本で凶悪な罪を犯して、日本で裁けないのはおかしいじゃないかと。しかし、アメリカはアメリカで言い分があります。アメリカの兵士が、駐留した先の国の法律で、アメリカ人としての人権を守られないまま裁かれてしまうのは、確かに怖いことですよね。

田原　それに（日産の前会長である）カルロス・ゴーン氏が怒ったんだよね。何で日本は取り調べの段階で弁護士をつけられないんだと。

山口　そうです。アメリカでは捜査、取り調べの段階で弁護人をつけるのがルールですが、それは日本ではまだ一部しか認められていません。ですから、米軍兵士の身柄を日本に引き渡した場合には、捜査の段階からアメリカ側の立ち会いを認めるようにするなど、新しい仕組みづくりが始まっています。

憲法改正議論の是非を問う

集団的自衛権が憲法改正の行方を左右する!?

田原 法律家でもある山口さんにぜひ聞きたい。今の日本国憲法についてどう考えますか。僕は、第二次世界大戦後、マッカーサーとGHQ（連合国軍総司令部）が自分たちに都合がいいようにつくったものだと思うんだけど。

山口 条文の数が少ないですが、その分、解釈の幅があり、長い年月に耐えられるような価値を包含《ほうがん》していて、非常に優れた憲法だと思います。憲法改正がさかんに議論されていますが、押しつけられたものだから、すべて変えてしまえ、ということではなく、時代の変化に合わせていろいろ議論していく余地があるかもしれませんね。それにしても、よく組み立てられていると思いますよ。公明党が主張する「加憲」のテーマとして、環境問題に対する価値観がだいぶ確立してきましたので、環境権を「新しい人権」として位置づけてもいいのではないかという議論が憲法審査会でありました。しかし、衆議院の憲法審査会でヨーロッパに調査に行ったところ、うかつに人権として盛り込まないほうがいい。人権をたてに訴訟が乱発されて行政が前に進まない事態が生じている、慎重に考えたほうがいいという話を聞いて、その議論は止まっています。とは言え、わざわざ憲法に書かなくても、その価値観は今の憲法をもとにして十分体現されていると思います。憲法の議論に関しては、そうした現実と国民の気持ちのありようをよく見て進めるべきですね。

田原　だけど、安倍さんは総理になる前から憲法改正を唱えている。2016年の参議院議員選挙で、自民党と公明党の連立与党に改憲に前向きな党を加えて憲法改正発議に必要な全議席の3分の2を超えて勝利した。衆議院はそれ以前から自公で3分の2を取っている。だから、その年の9月、僕は安倍さんに、いよいよ憲法改正だねと言ったんです。

そしたら、安倍さんが、実は憲法改正をする必要はなくなったと言うんです。なぜかと聞いたら、実は、集団的自衛権の行使を認めるまでは、アメリカがやいのやいの言ってきて、このままじゃ、日米同盟は持続できなくなると言っていたのですが、2014年に集団的自衛権の行使を容認したら、何も言わなくなった。どうやら、それで満足したらしいと。だから、集団的自衛権行使を認めれば、憲法改正は必要ないと言い切ったわけです。ところが、翌年（2017年）になったら、安倍さんはまた憲法改正すると言い出した。安倍さんの支持勢力が憲法改正を強く求めたのではないかな。だけど、現実には無理です。だって、自民党議員で憲法改正を本気で考えている人はほとんどいませんから。公明党はどうですか、と言うより山口さんはどうですか。

山口 憲法改正を否定しているわけではありません。もちろん、改正条項もありますし、長年経てば、憲法を取り巻く環境や理解のしかたも変わってきますから、改正すべき点も出てくるでしょう。しかし、どこをどのように変えるかについては、成熟した議論や幅広い合意形成が必要だと思います。公明党の憲法改正に対する基本的な考え方は、加憲です。つまり、今の憲法は優れた憲法であるという基本認識のうえに立ち、変えるところがあるとすれば、新しい条項を加える加憲という方法を主張しています。特に、今の憲法の三つの原理、すなわち国民主権、基本的人権の尊重、恒久平和主義はこれからも堅持すべきであるという基本に立って議論していくつもりです。

公明党が見据える、世界の中の日本

中国との共存がアメリカの課題

田原　そろそろ外交の話にいきたいと思います。今、トランプ大統領のアメリカと習近平《しゅうきんぺい》国家主席の中国が〝新冷戦〟といわれるほど対立している。この米中対立の構造の中、日本はどういう役割を果たせばいいんでしょう。

山口　かつての東西冷戦の構造は、政治体制、あるいは、政治イデオロギー（思想傾向）そのものの対立でした。ソ連（現・ロシア）を中心とした社会主義諸国と、アメリカを中心とした資本主義諸国という、東西の二つの体制が激しく対立していました。体制や思想の違いを持ち出し、互いに優劣を競うような二者択一の競争だったと思います。

田原 共産主義と資本主義の戦いだね。

山口 はい。しかし、グローバル化が進んだ今は、東西冷戦のような二者択一の競争ではないんですね。とは言え、アメリカと中国では政治体制がまったく違います。その違いを踏まえたうえであっても、対立を煽《あお》ることは、その当事者、つまりアメリカも中国もどちらも得をしません。ましてや、日本は、アメリカとは同盟関係をもとに強い経済関係を築き、一方で、中国とも非常に深い関係を持っています。ですから、日本が間に立って、国際協調をつくり出すリード役を果たすべきだと思います。これは経済的なことだけではありません。政治の分野でも、また外交や安全保障の分野でも進めていく必要がありますし、ＡＳＥＡＮ（東南アジア諸国連合）、あるいはオーストラリアやインド、さらにヨーロッパまで、多くの国がそれを望んでいると思います。

田原 ただ、肝心のアメリカのトランプ大統領が一国主義なんですよ。実は、グローバル化が進むと、アメリカという国は人件費が世界一高い、だから、海外に工場をつくったほうが得だということにアメリカ企業が気づいてしまった。それで、メキシコやアジアの国々にどんどん工場をつくり出した。すると、かつてのアメリカの工業地帯が廃虚同然になった。特に白人の失業者が増えてしまい、そこでトランプは、これまで大統領候補がまったく口にしたことがない本音を初めて言ったの。「世界はどうでもいい、アメリカさえよければいい」と。つまり、アメリカ一国主義。これに職を失い、貧困に苦しんでいる白人たちが希望を見いだし、トランプを支持することになり、彼は大統領になった。だから、今、トランプ大統領は堂々とアメリカ中心主義を謳っています。

山口 確かに、かつては栄えていたアメリカの工業地帯で職を失った人たちは、夢を描いてトランプ大統領を支持したかもしれませんね。昔、ゼネラル・エレクトリックという、アメリカを代表する、いや世界を代表する電機メーカーがありましたよね。

田原 GEですね。

山口 そうそう、GEの冷蔵庫など、私たちが若い頃は高嶺の花でしたよ。だけど、今はもう見かけません。アメリカでは大手家電製品の工場がどんどん減っていった。自動車でさえも、かつてはゼネラル・モーターズ、フォードモーター、クライスラーの3社は、ビッグ3と言われていましたけど、今では日本や韓国のメーカーに追い上げられ悪戦苦闘していますよね。そうなると、もう、アメリカは航空宇宙産業ぐらいしか競争力のある製造業が残っていない。

田原　それから、グーグル（Google）、アップル（Apple）、フェイスブック（Facebook）、アマゾン（Amazon）といったＩＴ業界の大企業だね。

山口　確かに情報産業はリードしていますね。ただし、情報産業はトランプ大統領を支持する中西部の労働者が復活することには結びついていかない。もし、アメリカが中国との貿易を遮断したり、減らしたりすれば、中国も対抗措置を取ってくるはずです。そうなれば、中国がアメリカの農産物を輸入しなくなるという事態も起きかねません。アメリカ中西部は小麦やトウモロコシの一大産地で、そこが打撃を受けることになります。その結果、貿易摩擦を引き起こしてしまう。お互いに足を引っ張り合っても、いいことはないわけです。

田原　中国はすでに世界中に根を張っていますからね。

山口　華僑《かきょう》をはじめ、中国は世界中に根強いグローバルネットワークを持っていますから、排除しようとしても、しきれないわけですよね。ですから、アメリカは今後、中国とどう共存していくか、お互いの力をどう生かし合っていくかということを考えていくべきではないでしょうか。

田原　しかし、トランプ大統領は中国企業の締め出しをはかっていて、今後それを日本にも要請してくるのではないかな。

日本が仕切る米朝会談は幻に

田原　2017年のことですが、安倍総理にこんな話をしたことがあります。今、トランプ大統領が北朝鮮を悪魔の国呼ばわりしている。今にも武力行使をしそうな勢いだ。もしもアメリカが北朝鮮に武力行使をしたら、北朝鮮は報復攻撃で、韓国や日本に戦争を仕掛けるかもしれない。そうしたらどうする、と迫ったわけです。

山口　それは物騒な話ですね。安倍さんはなんと答えたんですか。

田原　もちろん困ると。いや、困るのはわかっている。どうすればいいと思うか聞いているんだと言ったら、田原さん、どうすればいい、と僕に聞いてくるわけですよ。自民党の幹部も中堅もみんな安倍さんにゴマをすることしか考えていないから、誰も意見を言えない。考えていないのですね。僕はそのとき安倍さんに、日本の政治家でトランプ大統領と自由に話し合いができるのはあなたしかいない。だから、できるだけ早くアメリカへ飛んで、トランプ大統領を口説きなさい。北朝鮮の金正恩《キムジョンウン》がどういう条件をのめば、アメリカは交渉のテーブルにつくのか聞いて、それを聞き出したら、ただちに北朝鮮に飛んで、金正恩にトランプ大統領の条件を伝えなさいと。きっと金正恩はそれをのむと思うから、早くやりなさいと言った。

山口 そこまで言ってくれるのは、おそらく田原さんしかいませんね。

田原 僕は、もし、トランプ大統領を口説けなかったら、総理を辞めなさいとまで言った。安倍さんは、そこまで言ってくれるのは、田原さんしかいない。田原さんと相談しながら、トランプの口説き方を考えます、ぜひお願いしますと言ったのですが、その3週間後に内閣改造があって、河野太郎さんが外務大臣になった。安倍さんと河野さんの2人に、どっちか早くアメリカに行って、トランプ大統領に会いなさいと言ったら、河野さんが名乗りを上げて、アメリカに行きました。

山口 河野さんは、トランプ大統領に会えたんですか？

田原 マスコミには公表していないけど、当時の国務長官のティラーソン氏に会ったんですね。ただ、帰国後、河野さんは、1時間以上口説いたんだけど、ティラーソン氏はまったく乗ってこない、ノリが悪くて話にならなかったと困惑していた。実は、僕らは知らなかったのだけど、当時からトランプ大統領とティラーソン氏の関係は悪化していたのですね。その後、ティラーソン氏はトランプ大統領から解任されてしまう。だから、あのとき、河野さんじゃなくて、安倍さんが行って、もしトランプ大統領を口説けていたら、韓国じゃなくて、日本が米朝会談を仕切れたかもしれない。残念だなと思っています。

山口 今年11月の大統領選挙の行方を見て、改めて仕切り直しですね。

中国デモクラシーの行方

田原 今、自民党の中でも、習近平氏の国賓としての来日は拒否すべきだという意見が強いようですね。

山口 結局、コロナの影響で延期になってしまいましたが、私は、それは極めて視野の狭い意見だと思います。

田原 でも、自民党の国会議員の間で広まっているんですよ。

山口 首脳同士の往来は、長期的な視野を持ち、長い時間をかけて安倍政権が取り組んできたことですから、それはやはり狭量な考えだと思います。

田原 じゃあ、具体的にどうすればいい、中国との関係は？

山口　状況を整えて、習近平氏の来日を実現するということです。

田原　そんな抽象的じゃなく、具体的にどうすればいいか教えてください。

山口　いやいや、具体的にと言っても、今は国同士の往来ができない状況ですから。コロナが収束したら、習近平氏の来日を含め、改めて対策を考えていくつもりです。

田原　中国は今、軍事力をどんどん強めていますよね。あの国がデモクラシーを認めるとは思えない。現に2020年の6月には香港での反政府的な活動を犯罪として取り締まることのできる、香港国家安全維持法を可決し、香港に対する弾圧をどんどん強めている。そういう国とどう付き合えばいいんだろうか。

山口　中国は1997年に香港がイギリスから返還される際、50年間、1国2制度を保障すると国際約束をしていますよね。国際約束を簡単に破るようでは、中国自体の信用が傷つくということを理解すべきだと思います。

田原　実は僕、習近平氏が副主席のときに、一対一で会ったことがあるんですよ。そのとき、習近平氏はなかなかジェントルマンだなと思った。だから、中国経済がよくなれば、習近平氏は民主化するんじゃないかと思ったんですよ。元中国大使の丹羽宇一郎《にわういちろう》さんもそう言っていた。でも最近の中国を見ていると、どうも無理そうな気がしてきました。下手に民主化したら、習近平氏は暗殺されちゃうんじゃないかと。

山口 まあ、民主化に対して、中国の人たちは大変な恐れを感じていますからね。特に政治を担う人たちはそれが強いように感じます。だけど、民主化を完全に否定しているかと言えば、そうでもなく、いずれは民主化を視野におかなければならないと考えていると感じたときもありました。でも、今の中国からはまったくそういう機運は感じられない。今は、あのトランプを見ろ、アメリカのようになりたくないだろうと、むしろ民主化への非難を煽っているように感じます。

田原 だから、香港に対してあんな凶悪な政策を取るようになったんだ。

山口 中国としては、アメリカをはじめ、民主主義と言われる国は、国民の意見がばらばらでなかなかまとまりにくい存在なのでしょう。民主化すれば、国の統率が乱れて、崩壊してしまう、そういう恐れを持っているわけですね。だけど、民主主義の国から見ると、中国の強権的なやり方、つまり、個人情報を国家が独占して、国民の自由を制約したり、コントロールしたりしている姿に脅威を感じてしまうわけです。中国は自分と違う考えを持った人々や国々をもっと尊重し、協調する姿勢を持つべきだと思います。

日中関係のカギを握る公明党

田原　一つ気になるのは、自民党の中で、中国を排除せよという意見が大変強まっていることです。公明党は、中国の要人とはかなり親しい関係を築いているよね。

山口　はい。あれは確か2012年だったと思いますが、尖閣《せんかく》諸島の国有化に反対する反日デモが中国国内で頻発したことがありました。そのとき、日系企業のオフィスやスーパーマーケットが焼き打ちされるという事件があちこちで起こりましたよね。2013年の1月、中国を訪れた際、向こうの要人とオフレコで自由な討議をしようということになりましたので、率直な議論を展開する中で、私たちは、反日デモについても言及したのです。あのデモであなた方は大変な損失をした、失ったものは大きい。今回被害にあった日系企業やスーパーは、日中国交正常化が実現されたとき、日本国内ではまだ中国経済は不安定だという声が多い中で、一番先に中国に投資してくれたところじゃないか。そういう恩のある企業を焼き打ちするなどという、恩を仇《あだ》で返すような中国のやり方に対して、中国に好意的だった日本人まで嫌悪感を持ってしまいました。ここからまた信頼を回復するのは容易なことではありませんよ、そのことをわかっていますかと強く申し上げました。

田原 向こうの反応はどうでしたか？

山口 中国側は、山口さんにそういうことを言われるとは思わなかったから、びっくりしたと、かなり驚いていました。

田原 じゃあ、山口さんは相当怒ったわけだ。

山口 そうかもしれません。向こうとしては、公明党は中国と友好的な関係にある政党だから、お互いに褒め合ったりたたえ合ったりすることはあっても、痛いところを指摘される、批判的なことを言われるとは予想していなかったのでしょうね。でも、後日、正直に指摘していただいてよかった、言いにくいことも正直に話していただくことが本当の友情だと思いますという言葉をいただきました。

田原 もともと日中国交正常化のきっかけをつくったのは公明党ですからね。1972年、当時、公明党委員長だった竹入義勝さんが訪中し、周恩来《しゅうおんらい》氏と会談し話を進めたことで、田中角栄さんが現職の総理大臣として初の中国訪問を果たすことになったわけですから。

山口 自民党議員の中にも、中国に友好的な松村謙三さんらがいらっしゃいましたが、日中国交正常化への地ならしは創価学会・公明党の人脈で行うことになりました。訪中した公明党代表団が、日中国交正常化のための課題は何か、それらはどうすれば解決できるのかなどについて意見交換をして、帰国後、それを日本の外務省や自民党に伝え、それで、田中さんが訪中した。そうした経緯があったので、日本と中国の関係に多少の波が立つことがあっても、公明党と中国は常に友好的な関係を保ってきました。

田原 だから、今でも中国にきちんと意見が言える日本の政党は公明党なんだよ。

山口 周恩来総理が国交正常化当時の日本を見たときに、公明党が社会にしっかり根をおろした政党であるということを評価してくださったおかげでもありますね。

中国が学びたい日本の社会保障制度

山口 最近、中国の人たちに言われるのは、製造業で日本に期待することは、もう、少なくなった。これからは社会保障だということです。中国は日本よりも急速な高齢化に直面しています。しかし、日本のように国民皆保険といわれる制度がまだ整っていない。医療や介護の面でも、国民全員に届くようなサービスのネットワークもできていないのです。

最初はそういうものが発達していると思われる欧米に学ぼうとしたけど、学ぶべきはやはり日本であると。共通した文化のベースがあるから、日本から学びたいと、中国の知人がそう言っていました。だから、いろいろ教えてもらいたいし、どんどん交流したいと言うのです。

田原 中国は広いからね。都市部と農村部の格差もあるだろうし。

山口 まさにその通りです。保険制度は大都市を中心にしたローカルなものがあるだけで、地方にはありません。しかも医療体制が整っていないため、大都市の病院にいかなければならず、行ってみたら、外来にずらっと人が並んでいて、ほんの数分しか診てもらえなかったという話を聞いたことがあります。その点、日本は国民皆保険で、誰でも身近な医療機関で治療を受けられる、これは素晴らしいことで、中国の人はそれを取り入れたいと思っているそうです。国際間の適度な競争も必要ですが、中国が求めているものを共有し合い、お互いがハッピーになれるような交流も大事にしたいと思いますね。

田原 あと気になるのは環境問題ね。北京の空は異様に真っ暗だと聞きますけど、中国は、環境問題でも日本に期待しているのではないですか？

山口 そうですね。習近平氏と初めて会ったのは2007年で、その後、2009年、2010

年と続けて会いました。そのときに環境問題について次のような話をしました。日本は高度経済成長を経験し、経済発展を果たしましたが、公害という負の遺産も残しました。公害問題を解決するためには莫大な費用と時間かかりましたし、被害に遭った人はもっと深刻な傷を負いました。人生を犠牲にした人もいます。だから、ことが起きてから手を打つのではなく、経済発展の段階から公害を起こさないような取り組みをすべきです。日本にはそういう実例がたくさんありますので、ぜひ参考にしてくださいと、そういう話をしました。そのせいだけではないと思いますが、中国もだいぶ変わってきたのではないでしょうか。

田原　ちなみに、山口さんは最後に中国に行ったのはいつですか？

山口　2019年ですね。中国との関係が一番厳しかったのは、民主党政権で行き来が途切れてしまったときです。2012年12月に再び政権を取り戻して、公明党が何より最初に取り組んだのは、やはり日中関係の改善でした。民主党政権で政府間の往来が途絶え、政治対話すらできないでいる間に、尖閣諸島の領有権をめぐり日中両国の対立が激化していたからです。これでは、いつ不測の事態が起きるとも限らない。中国との風通しをよくすることが急務であると思うものの、安倍総理は2013年1月末に国会を控えて

習近平国家主席と握手を交わす山口那津男代表＝中国北京・人民大会堂で。2015年10月15日、中国共産党中央対外連絡部提供

いるから動けない。一方、習近平氏は、2012年11月に中央委員会総書記になったばかりで、2013年3月には国家主席になることが決まっていた。行くなら今しかない、そう思い、安倍総理と相談し、公明党代表として訪中することになりました。それが2013年1月のことです。安倍総理から習近平氏宛てにお預かりした親書には、戦略的互恵関係をこれから発展させていきましょう、長い歴史の中で中国と日本は力を合わせていくことが大事です、という趣旨のことが書かれてありました。訪中し、無事、習近平氏と会談し、安倍総理からの親書をお渡しすることができた。それが日中関係改善の再スタートでした。どう

にか中国との対話の扉が開かれ、尖閣諸島の問題も徐々に落ち着いていったのです。

田原 しかし、今でも中国は尖閣諸島の領海ぎりぎりに、毎日のように少なからぬ船団を送り込んでいます。これはどういうことなのか。米中対立の中で、中国は日本を味方にしたいはずなのに……。それに、繰り返しになりますが、自民党を含めて、日本の世論は中国排除です。山口さん、どうすればよいかな。

山口 尖閣諸島は日本の固有の領土であり、有効に支配を継続しており、解決すべき領有権の問題は存在しない、これが日本の見解です。それを中国が一方的に武力で崩すなど、国際社会の中であってはならないことです。中国の公船が100日以上も接続水域の中で航行を続けることは、緊張を高めこそすれ、問題解決にはつながりません。まして、武力の衝突などは絶対にあってはならない。日本は毅然と、かつ冷静に対応すべきです。不測の事態を防ぐためにも、対話によって解決する努力が必要です。しばらく途絶えていた外務大臣同士の電話会談も行われるようになりましたし、今はコロナの問題など、お互いに協力し合わなければいけないテーマがありますので、日中の両政府が、あらゆる対話の機会を設けて、それぞれの課題の解決に力を尽くすべきです。対立する両国の世論を政治家が煽ってはならない、そう考えています。むしろ、両国の首脳が往来できる環境を整えていく努力が大切です。

なぜ韓国は日韓共同宣言をほごにするのか

田原　さあ、もう一つ、大問題の日韓関係にいきましょう。

山口　はい。

田原　実は僕、1998年に韓国の金大中《キムデジュン》大統領が来日することが決まったとき、小渕恵三総理に、本当に日韓関係を良くするためには会談をしたらどうかと勧めていたんですよ。日韓首脳会談が無事に実現し、小渕総理、金大中大統領、ともに日韓共同宣言に署名した。これで初めて日本と韓国は対等になり、日韓関係が徐々によくなってきたのに、今、非常に悪くなっている。これはどうすればいい？

山口　韓国は政治的な起伏の激しい国ですが、公明党は歴代大統領とはずっと行き来があります。私が代表になってからも、訪韓し、李明博《イミョンバク》氏、朴槿恵《パククネ》氏、それから文在寅《ムンジェイン》氏にもお会いして、率直な意見も交わしてきました。すると、何とかして慰安婦問題を解決してほしい、それが韓国側のたっての願いだと、どの大統領もおっしゃいました。朴槿恵政権のとき、韓国の韓日議員連盟という国会議員団やマスコミの代表者が訪日して、慰安婦問題についての合意をつくるために日本側に努力してもらいたいという申し出がありましたので、私は、それは大事なことです、ただし、条件があると申し上げました。

田原 それは何ですか？

山口 合意をつくるまで、お互いに言うべきことはきちんと言う。しかし、合意ができたら、それを必ず守る、実行する、そういう固い決意を持ってやる覚悟はあるんですかと。それだったら、日本は努力しましょうということを重ねて申し上げました。

田原 それはいつごろですか。

山口 慰安婦問題をめぐる日韓合意のできる年でしたから、2015年ですね。

田原 それで、韓国政府が元慰安婦支援のために設立する財団に日本政府が10億円を拠出した。さらに、日本と韓国は協力し合い、この問題で互いに非難し合わないよう最終合意をしましたよね。にもかかわらず、何で文在寅はこれをひっくり返したんですか。

山口 本当にもう、何たることかと思いますよね。ただ、韓国には「韓国挺身隊《ていしんたい》問題対策協議会（現・日本軍性奴隷制問題解決のための正義記憶連帯）」という団体があって、ここが権力を握っているのです。

田原　韓国では最大の慰安婦支援団体ね。

山口　そうです。朴槿恵政権で最終合意をして、これでうまく進んでいくかのように見えたのに、文在寅政権に代わった途端、その団体が乗り出してきて、合意はけしからんと言い出したわけです。

田原　ところが、そこが今、大スキャンダルを起こしている。

山口　政府から出た補助金を、団体のリーダーが私的に流用していたという疑惑が取り沙汰されていますね。日韓問題は、慰安婦問題から始まり、徴用工訴訟問題まで拡大をして、今、いろいろな紛争に発展していますね。

田原　徴用工問題は、小渕政権の頃からあったんだけど、金大中大統領が、これは韓国国内の問題だから、韓国政府が責任を持って処理すると言ったんだよね。

山口　確かに、そうでしたね。

田原　にもかかわらず、文在寅政権になって、日本の責任だって言い出したの。

山口　日本側から見ると、韓国国内の政権争いに日韓の問題を利用しているように見えてしまいますね。１９６５年に日本と韓国の間で結ばれた日韓基本条約と請求権協定で、日本が韓国に経済協力を約束したことで、両国間の問題は一切解決されたというかたちになっているわけです。まずは、その政治的な合意を守るところから始めるべきです。

歴史的なわだかまりを超えて、人間同士の付き合いを

田原 何で文在寅が徴用工問題を持ち出したかというと、今、韓国はすごく不況なの。失業率が4・5％に悪化し、特に若者の雇用状況が深刻化しています。そうなると、当然ながら文在寅の支持率が下がるわけだ。これを上げるためにはどうすればいいか考え、慰安婦問題を取り上げた。でも、支持率は上がらなかった。そこで、徴用工問題を持ち出したら、少し上がったんですね。

山口 そうなんですよ。

田原 だから、韓国が徴用工問題を持ち出したとき、日本が韓国に対する輸出規制なんかしなきゃよかったんだよ。あれは経済産業省の発案で、外務省は外されていたのですよ。

山口 その件でもめているときに、韓日議員連盟の方たちが来日されましたよね。そのときに申し上げた話があります。公明党は、かつてサハリンに抑留されて自国に帰れない韓国の人たちのために働いたこともありましたと。韓国と旧ソ連の国交が断絶して交渉もで

きないとき、草川昭三さんという公明党議員がソ連と交渉するわけです。ところが、ソ連側は韓国とソ連の問題に日本人は口を出すなと、けんもほろろだった。それでも草川さんが粘って、日本で会わせるから韓国の人を出国させろと迫ったわけです。そうして家族との出会いの場をつくった。公明党はそうやって韓国の人のために力を尽くしたことがあります。だから、今も日本と韓国の将来を思い、腹をくってやり抜く覚悟でいます。問題を解決するためにはお互いの強い意思が大事なのです。しかし、今、日韓関係が悪化しているのは非常に残念です、そうお話しさせていただきました。

田原 実は、2019年の秋、自民党の二階俊博幹事長に、今、安倍政権は文在寅大統領と大もめにもめている。政府同士はもめているが自民党は別だ、こんなときにこそ、自民党は文在寅政権ときちんと向き合い、積極的に問題解決に取り組むべきで、それができるのは二階さん、あなただけだ。そう言ったら、彼は田原さんが言う通りです、積極的にやりますと答えた。ところで、コロナが収束したら、山口さんは韓国に行くべきですよ。文在寅氏に会いたいって言ったら、たぶん、彼は会うと思います。

山口 そうかもしれませんね。自民党の中には韓国を甘やかすなという厳しい声もあります。だけど、韓国は日本との経済的な結びつきも強いし、文化も似ている。たとえ、政府同士の関係は悪くても、国民同士は活発に行き来していますよ。２０１８年には年間の往来者数が初めて１０００万人を超えました。日韓関係の悪化で２０１９年には減少しましたが、それでも９００万人近い人たちが、それぞれの国を訪れているのです。

田原　インバウンドは大きい。それに、韓国映画や音楽も人気だし、日本人はもう当たり前のように韓国の文化を受け入れているよね。

山口　私も韓国に仲のいい知人はたくさんいますし、若い世代に歴史的なわだかまりなど存在しません。仲がいいからこそ、きちんと対話をし、日韓の平和や繁栄に協力し合えるような関係を築かなければいけないのです。そのために、公明党は韓国、それから中国に対しても対話の窓口を閉ざさず、今後も友好的な交流を続けていくつもりです。

第5章

社会保障政策

日本はかつてない高齢社会に突入する

年金受給開始年齢は何歳まで延ばせるか

田原　今、日本が抱えている問題の中で、大勢の人が関心を持っているのが、急速に進む高齢化ではないでしょうか。一説によると、２０４５年には日本人の平均寿命が１００歳まで延びると言われているんですよ。ｉＰＳ細胞の研究で知られる京都大学の山中伸弥教授と、僕は割と親しくしているんですが、山中さんによると、まず、10年後には、あらゆる病気が治るようになる。だから、人間は死ななくなる。となると、それに伴い、いろいろな問題が噴き出してきます。さあ、どうしますか。

山口　このまま高齢化が進むと、まず考えなければいけないのが、その老後の世代を支える年金についてですね。

田原　現在の年金制度は崩壊するでしょう。

山口　年金は受給者自身が納めてきた保険料と、現役世代が納める保険料で成り立っています。そこに税金も投入し、今は何とか支えていますが、高齢化が進めば、田原さんがおっしゃるように、それでも支えきれなくなるのではないかという不安はあります。そこで、あらゆる手段を組み合わせて、年金を支える仕組みをつくる必要があります。一つの方法として考えられるのは、年金の受給開始を先に延ばす、つまり繰り下げていくことです。以前は受給開始年齢が60歳でしたが、現在は65歳になっています。これをいずれ、70歳にしなければならないときがやってくるでしょう。

田原　平均寿命が100歳になれば、当然、受給年齢を75歳とか80歳にしなければやっていけませんよね。

山口　そういうことになりますね。それと併せて、2020年3月、事業主に対して70歳までの就労確保を努力義務とする「改正高年齢者雇用安定法」が成立しました。これは2021年4月に施行される予定です。施行されれば、70歳まで継続雇用されることが可能になります。働いて収入がある間、引き続き保険料を納めれば、その分は、いずれ自分が受け取る年金にプラスすることができるのです。70歳まで雇用継続を可能にすることは、もう、既定路線として決まりましたので、働く意思のある方は働いていただけますが、さらにその先についても考えなければならないところにきています。

田原　高齢者も元気な人はどんどん働けばいいんだよ。僕だって、86歳でまだ働いているんだから（笑）。

山口　田原さんのようにお元気な方はたくさんいらっしゃいますからね。まずは、働く機会をどんどん増やしていくことが大切です。元気な方には、できるだけ働いて収入を得ていただく。そして、収入がある間は年金を少し我慢していただく。そういう考えのもと、受給開始年齢を60歳から65歳にしたわけです。公明党も職員が大勢いますから、例外ではありませんね。定年制を延長したり、あるいは、その後の継続雇用を進めたり、そうした施策を無理なく段階的にやっていくことが重要になると思います。

法改正により、厚生年金加入への道が広がった

田原　そもそも、年金制度っていつから始まったんだろう。

山口　１９６１年に国民年金制度が施行されたところから国民皆年金がスタートしました。厚

生年金は、それより早く1942年に始まり、かつては恩給と呼ばれた公務員の共済年金は、国家公務員が1959年、地方公務員が1962年に、それぞれスタートしています。

田原 国民年金ができたのは、いわゆる高度経済成長期と呼ばれる頃だね。

山口 そうです。国民年金法自体は1959年に制定されたのですが、国民から強い抵抗にあうことになります。遠い将来のために積み立てておくような余裕はない、今、お金が必要なのだという声が多く聞かれたようです。しかし、いずれ、現役で働けない時代がくるから蓄えは必要で、年金はそのための資金になる。会社勤めをしていれば厚生年金があり、公務員には恩給（共済年金）があるけど、自営業者や中小企業で働く人の保障は何もない。だから、国民年金が大事なのだということを説きながら普及させたという経緯があります。当時は介護保険という制度はありませんでしたが、高齢社会を見据えた介護サービスの必要性が指摘され、2000年からスタートしました。こうして年金保険制度が徐々に整備されてきたのです。

田原 企業で働いている人は厚生年金に加入できるというけど、非正規雇用の人のほとんどは国民年金ですよね。その人たちは厚生年金に加入することはできないんですか？　厚生年金にすると、確か、企業が保険料を半分負担しなきゃいけないんだよね。

山口 現行では、そういう仕組みになっていますね。

田原 となると企業は反対するわけだ。

山口 そういう企業もあるかもしれません。ただし、2016年の法改正によって、従業員数501人以上など、いくつかの条件を満たす事業所はパートなど、非正規雇用の従業員を厚生年金保険に加入させなければならなくなりました。この範囲を段階的に拡大していき、2022年には101人以上、2024年には51人以上の事業所が対象になります。そのうえでいくつかの要件を満たせば、正規、非正規に限らず、厚生年金に加入できるようになります。

田原 条件がかなり広がっていくわけだ。

山口 パート従業員を厚生年金の対象にすべきであると強く訴えたのは、2001年から2004年まで厚生労働大臣を務めた公明党の坂口力《ちから》さんです。坂口さんが大臣を退任してからも、公明党は、厚生年金の対象はもっと広げるべきだという主張を続けてきました。それが2016年の法改正で実を結び、パートでも厚生年金に加入できる道が開けたのです。これからはさらに対象を拡大していくつもりです。高齢者人口のピークは

２０４０年代と言われていますが、少子化とともに人口減少がもっと早く進む可能性もあります。そこで、常に先を見据えながら、超高齢社会対策を考えていきたいと思っています。

消費税が支える日本の社会保障

消費税率10％へのアップがもたらしたもの

田原　老後のことを考えると不安になるという人は多いはずです。国民が自由に人生設計を立てられるようにすることは、今後、公明党も含めた政府が真剣に取り組まなければならない課題だと思いますよ。

山口　確かにそうですね。福祉の党、公明党としては、いずれ少子高齢社会がくることを早くから予測し、対応してきました。少し前にさかのぼりますが、１９７６年、「福祉社会今、皆保険制度など、介護、医療、年金、「トータルプラン」というものをつくりました。年金、医療、介護、皆保険制度など、今後充実させなければいけない施策にどれくらいの予算が必要かということを示して世に問うたという、画期的なものでした。あの当時、与党を経験したことのない野党の公明党がこうした体系的な政策を打ち出すのは、とても珍しかった。結局、そのときの青写真がもとになって、現在の年金、医療といった高齢社会対策のための施策が進んできたと言えるかもしれません。

田原　ここでの一番大きな矛盾は、高齢化が進み、年金をもらう人口が増える。ところが、年金保険を支払う労働人口はどんどん減っている。この大矛盾をどう解決すればいい？

山口　これまでは、20年で教育を終えて、40年現役で働いて、老後の20年は年金などで暮らすというのが人生のスタンダードプランと言われてきましたが、これからの生き方にそれはもう当てはまらない。先ほど、70歳まで継続雇用が可能になるとお話ししましたが、現役時代を40年よりもっと長くし、労働人口を増やす方法はありますね。

田原　80歳まで働いてもいいよね（笑）。

山口　おっしゃる通りですね。年金をはじめとした、現行の社会保障の仕組みの多くは、高度成長期の発想でつくられたものです。しかし、その頃に比べ、社会構造が大きく変わってきていますから、持続可能な仕組みに改めていく必要があります。そのためには、消費税増税など、国民の負担を少しずつ増やしていく必要もあるし、生活に困らない範囲で給付を少し我慢してもらう場合もあるかもしれません。ただし、生活が苦しい人の消費税の負担は取り除かなければいけません。その一つの方法として、2019年に消費税が10%に引き上げられた際、公明党が提案し導入された、飲・食料品などの生活必需品の税率を8%に据え置く軽減税率を実施しました。

田原 コロナの影響で自粛生活が続いていた頃、この軽減税率が力を発揮しましたね。テイクアウトやデリバリーの消費税は8%でしたから。とは言え、実は、日本の消費税は諸外国に比べるとまだまだ少ない。ヨーロッパのほとんどの国が20%以上なんですよ。

山口 ヨーロッパの消費税が高いのには理由があります。消費税が間接税であるということは、日本もヨーロッパも同じですが、その成り立ちが少々違っています。日本は直接税と言われる所得税や法人税の比率が大きく、その分、間接税である消費税の割合が少ないのですが、ヨーロッパでは、その比率が逆で、直接税の割合が少なく、間接税のほうが大きい。それで、消費税がとても高くなってしまうのです。確かに、消費税の比率を多くしたほうが税収は安定するので、社会保障の財源にするには都合がいいわけですよね。

日本やアメリカのように、所得税と法人税の比率が高いと、経済が成長しているときはいいのですが、景気が悪くなると税収が厳しくなるわけです。

田原　なるほど、そういう仕組みなんですね。コロナの影響で生活が苦しくなったから、消費税率を下げろと言っている人たちもいましたよね。

山口　しかし、消費税率を下げたら、社会保障が成り立たなくなってしまいます。2019年10月から、「年金生活者支援給付金制度」がスタートしましたが、その財源には、消費税率が8%から10%に引き上げられた分が充てられています。また、年金の加入期間（受給資格期間）が25年から10年に短縮されたのも消費税率が10%に引き上げられたから実現できたこと。消費税を下げれば、そうした社会保障の財源がなくなってしまうのです。そのことをきちんと議論せず、経済政策的な見地だけで下げろと主張するのは、消費税の本質を理解していないということだと思います。

次世代に向けた子どもたちの支援に乗り出す

長年政府に訴え続けた幼児教育無償化

田原　さて、高齢化とともに深刻なのが少子化による人口減少です。厚生労働省の２０１９年のデータによると、１人の女性が生涯に産む子どもの数にあたる合計特殊出生率は１・36で、４年連続で減少している。出生数は90万人を切っちゃったの。この人口減少を食い止めるにはどうすればいいんでしょうか。

山口　出生率の低下は深刻ですね。公明党でも施策を重ねていて、２０２０年6月には、公明党の女性の活躍推進本部本部長を務める山本香苗参議院議員が、橋本聖子女性活躍担当大臣に対し、「女性活躍加速のための重点方針２０２０」策定に向けた提言を申し入れました。その中に、多くの方々から要望をいただいている不妊治療に関するいくつかの検討案も明記されたそうですが、その中から、「所得制限７３０万円（夫婦合算所得ベース）への引き上げ」が政府発表の重点方針に生かされたそうです。公明党が長年訴えてきた、不妊治療の支援拡充が政府の方針として明らかになったわけです。

田原　女性議員の多い公明党だからできることですね。

山口　ありがとうございます。公明党では教育費に関しても訴えを続けてきました。２００６年に「少子社会トータルプラン」を発表し、アンケート調査などを行ってきたのですが、「教育にお金がかかりすぎるから、自分たちの収入では子どもを持てない」という声が非常に多いんですね。そこで無償化されている小学校・中学校の義務教育に加え、高等教育、さらに、就学前の幼児教育も無償化を進めるべきだと政府に訴えてきました。

田原　幼児教育の無償化は２０１９年10月からスタートしましたね。

山口　実は２０１２年に自公連立政権がスタートする際、その合意文書の中に幼児教育の無償化を入れるよう、公明党が強く主張したのです。自民党からは、そんな大きな財源がかかる政策はムリだという反論もありました。しかし、「社会保障と税の一体改革」のときからこれを重要な柱にすべし、と公明党は言い続けました。今後、社会保障全体を支える現役世代を確保するためには、出生率の維持は何より必要だ、財源はこれから探せばいいと訴え、自公の政権合意に幼児教育の無償化を入れさせました。以来、財源とのバランスを取りながら、少しずつ準備を進めてきたのです。

田原　確かに、今、教育費高いですからね。無償化は多くの家庭にとってありがたいものだと思いますよ。

山口　しかし、抜本的な改革を行うには大きな財源がかかるため、なかなか実行できませんでした。2012年当時から1兆円近い財源が必要だと言われていましたから。これは生半可な策ではムリだと考えて、大胆な決断をしたのです。それが消費税の使い方を変えることでした。安倍総理には、「社会保障と税の一体改革」を決めた3党合意の当事者ではないので、消費税を2度も引き上げることにためらいがある。消費税引き上げによる財源を幼児教育無償化に充てるということを国民のみなさんが理解を示してくれたら、何とか実現できるのではないかと訴えました。そこで、安倍総理は幼児教育無償化を含めた、「全世代型社会保障」という政策を打ち出すことにしたのです。

田原　え、全世代型社会保障と言っても、高齢者の年金・医療・介護といった社会保障は、すでにできあがっていたじゃない。

山口　おっしゃる通りです。だから、ここで新しくやることは幼児教育無償化しかない。つまり、全世代型社会保障というのは、幼児教育無償化を実行するためのラベルなんですよ。こうしてようやく2019年に幼児教育の無償化が実現しました。

無償化3本柱が実現するまで

田原　幼児教育無償化とともに、私立高校の授業料の実質無償化も実現されましたね。

山口　はい、私立高校の授業料の実質無償化は公明党だけが強く主張していました。国の制度として認められる前、まず、東京都が独自の支援を通し、大きく前進させました。東京都は大阪府と並んで、私立高校が集中しているところです。しかも、東京の高校生のうち、約6割が私立高校に通っているんですよ。つまり、公立高校よりも私立高校に通っている子どものほうが多い。そこで東京都は、世帯年収が760万円未満であれば、私立高校の授業料が実質無償となる「私立高等学校等授業料軽減助成金制度」をスタートさせた。2020年4月からは世帯年収は910万円未満に拡充されました。

田原　収入が910万円もあれば、十分私立高校に通えそうだけどね。

山口　それは家族構成にもよると思います。子どもの数が多ければ、それだけ負担が増えるわけですから。

田原　そうか、そういうことになるね。

山口　この私立高校の授業料の実質無償化には、まず、東京都が取り組みましたが、公明党が全国を調べてみると、各都道府県に、私立高校に通う子どもに対する何らかの支援措置があることがわかったのです。そこで、ここはやはり国が制度の基盤をつくり、あとは、各自治体がそれぞれの実情に合わせた具体策を考えればいいのではないかということになり、2017年の衆議院選挙前に行われた党首討論会で、公明党の代表として安倍総理に、私立高校生の授業料の無償化は、国の制度として始めるべきであると訴えました。そこで総理が検討しますと約束し、実行されることになった。そうして2020年4月、私立高校生の授業料の無償化が国の制度としてスタートしました。

田原　山口さんが国を動かした。

山口　そうであれば、うれしいですね。国が制度のベースをつくるということは、今まで各自治体が支援してきた分を国が肩代わりしてくれたと同じことですね。すると自治体は財源に余裕ができますので、その財源を生かして、ほかの施策を充実させることができる。こうして国会議員と地方議員がキャッチボールをしながら政策を実現していくことがとても大事なのです。東京都は、国の支援を生かし、760万円未満だった世帯収入を910万円まで拡充することができた。ネットワークを生かして立体的な政策に取り組むことによって、全国で教育負担の軽減が実現できたのです。幼児教育無償化、高等教育無償化（大学における修学の支援に関する法律）、私立高校の授業料の実質無償化、この三つを合わせて「無償化3本柱」と呼んでいます。

田原 でも、高等教育無償化っていうのはちょっと言い過ぎじゃないのと批判している人もいますよ。現在、大学に進学する学生の半数が奨学金をもらっているという深刻な状況の中、中位所得者層への支援が置き去りにされているんじゃないかという意見も耳にしますが、そこはどう考えますか？

山口 その指摘はよく聞きますが、実は間違っているんですよ。

田原 え、どこが間違っているの？

山口 調査してみると、所得が低い家庭ほど進学率が低いという実態がありました。家庭の経済力が乏しいため、大学進学をあきらめるようなことがあってはならない。そういう学生を救済すべきだというのがこの高等教育無償化の出発点です。今回は住民税非課税世帯を対象に支援を行いました。もちろん、財源が無限にあれば、田原さんがおっしゃるような中位所得者層の家庭まで広げられたかもしれませんが、まずは、住民税非課税世帯からスタートし、授業料の無償化、それから生活費にも使える給付型奨学金と、支援の仕組みを階段状に整えてきました。もちろん、もっと支援を広げてほしいという声もあるでしょう。例えば、今回の無償化の対象になったのは、世帯年収が380万円未満の家庭ですが、うちは400万円だけど、決して楽じゃないんですという人もいるかもしれない。そういう人たちには、貸与型奨学金を無利息にするなどして、支援の枠を広げています。大学は卒業したものの、計画通り返済ができない場合もあると思いますので、返済を猶予する、あるいは、収入に応じて返済額を減額したり、返済期間を延長したりできるような柔軟な対応を積極的に進めています。

制度改革で子育てしやすい社会を目指す

手当や施設の充実で育児休業を支援

山口　育児休業を取りやすくすることも、少子化対策につながると考えています。特に男性の育児休業取得率を高めることが大事ですね。２００５年から施行された「次世代育成支援対策推進法」という法律をつくるときに、有識者を呼んで意見を聞いたことがあります。そこで、ある自治体のトップの方が、やはり、男性は育児休業を取りにくいため、どうしても女性に負担がいきすぎる。それで、子どもを持つことを躊躇している女性が多い、だから、男性も育児休業を取るべきだと発言されたんです。でも、聞いてみると、その方の自治体でも男性の育児休業の取得率はほとんどゼロとのことでした。それが現実です。だから、ぜひ、あなたの自治体が男性の育児休業が取りやすいモデルとなり、改革を率先してくださいとお願いしました。

田原　ちなみに公明党の男性職員はどうなの？

山口　そう言いながら、うちもほとんどいないですね。だから、言うほどに簡単じゃないという社会の現実は実感しています。ただ、西村康稔《やすとし》経済再生担当大臣が立ち上げた「選択する未来２・０」という有識者懇談会の中間報告書が２０２０年7月に取りまとめられましたが、その中で男性の育児休業の義務化も提案されています。コロナ禍によってリモートワークが進むなど、働き方が変化している今だからこそ、男性の育児休業取得を広める取り組みを進めようというのが、その提案の趣旨です。過去10年間の育児休業取得率を見ると、女性は80％台で推移している一方、男性はわずか2％から6％という少なさだそうです。この提案をきっかけに男性の育児休業が義務化されれば、少子化に歯止めをかけることにつながるかもしれません。

田原 男性の育児休業はそんなに少ないんだ。

山口 公明党の女性議員は育児休業を取っていますよ。文部科学大臣政務官という要職にある佐々木さやかさんは、妊娠に恵まれて、大臣と相談した結果、政府としては産休取得を大いに進めているので、むしろ、いいモデルとして支援していきたいと。そうした応援を受けて産休に入られ、2020年6月に無事出産されました。同様に、国会議員になってからお子さんをもうけた高瀬弘美さんという方もいらっしゃいます。最初のお子さんが2歳ぐらいになられたと思います。国会の中に保育園も設けられていますので、ほかの党でも子育てと仕事を両立されている方は多いですよ。

田原 国会の中に保育園がある？

山口 はい、衆議院の第2議員会館にあります。こうした職場の近くにある保育園は各業界で徐々に増えています。仕事をしている間、近くに子どもを預かってくれる施設があれば安心ですよね。それが子育て支援にもつながりますので、これからもニーズに合わせて職場の近くにある保育園を整備していく必要があると感じています。

フィンランドに学ぶ子育て支援スタイル

山口 それから、子育て中の孤立感や負担感、これも特に女性に重くのしかかってきます。かつての大家族制度のもとでは、母親や祖母に教わったり、隣近所の経験者に相談したりしながら子育てをすることができました。しかし、今は相談する相手がいない。もし、誰かに相談できれば、軽く乗り越えられることでも、一人で抱え込んでしまう母親も多いのではないでしょうか。

田原 追い詰められた末に、悲惨な事件を起こしてしまうこともあるし。

山口 そうした事態を防ぐためにも、妊娠初期から出産、そして、子育てまで寄り添うように支援する仕組みをつくるべきだと考えています。お手本にしているのは、フィンランドにある「ネウボラ」という出産・育児支援施設です。

田原 ネウボラ？　初めて聞く名前だけど。

山口 ネウボラとは、「助言の場」という意味のフィンランド語で、妊娠期から子どもが小学校に入学するまで、担当の保健師がワンストップで子育てに関するあらゆる相談に応じてくれる施設です。フィンランドでは各自治体にあります。公明党では、フィンランドにならって、日本版ネウボラをつくろうという運動を展開し、すでに全国の市区町村で設置は4割を超え、2020年度末には完了する予定です。

田原 具体的にはどういうことをするの？

山口 2016年に母子保健法が改正されたことをきっかけに、日本版ネウボラと呼ばれる「子育て世代包括支援センター」が各自治体に設置されるようになりました。出産や育児に関する相談コーナーが設けられ、場合によっては宿泊して安定した環境の中、子育てに慣れてもらうこともできるなど、相談内容に合わせたサポート体制が整えられています。このセンターを利用すれば、経験のない若いお母さんでも安心して出産や子育てをすることができますし、子育て仲間と触れ合うことで経験を共有することもできます。母親の孤立感や不安に応える受け皿のような存在を目指していきたいですね。

未婚のひとり親も寡婦（夫）控除の対象に

田原　アメリカやヨーロッパは、結婚していようがしていまいが、子どもが生まれたら、ちゃんと政府から支援金が出るんですよ。日本は、結婚している場合は出るけど、結婚していない、未婚の母子家庭、あるいは父子家庭には出ない。これは不公平じゃないですか。

山口　そこは公明党が強く主張したところです。未婚のひとり親であってもきちんと支援の手は差し伸べるべきだと。子どもにとっては親がなぜ1人になったのかなど関係ない。どんな子どもも育つ環境は平等公平にしていくべきだというのが公明党の主張で、未婚のひとり親に対する現金給付や税制上の支援措置を2020年度から実現しました。

田原　具体的には何をしてもらえるんですか？

山口　年末調整や確定申告の際に申請すれば、課税所得から一定金額を差し引くことができる所得税の寡婦（夫）控除の適用条件を変更しました。寡婦（夫）控除は、以前は配偶者と死別、あるいは離婚し、1人で子どもを育てている人が対象でしたが、2020年度の税制改正により、以前は対象外だった未婚のひとり親にも控除が認められるようになったのです。改正にあたっては、自民党や財務省の強い抵抗がありました。しかし、子育てにおいては誰もが平等でなければいけない、そこに光をあてるべきだという公明党の粘り強い主張のもと改正を実現することができました。未婚のひとり親控除は少子社会トータルプランの中にすでにあったことですが、それをようやく実現することができたのです。

田原　親が未婚かどうかなんて、子どもには関係ない。支援は同じようにすべきだ。

山口　おっしゃる通りです。２０２０年度第２次補正予算の中にも、所得が低いひとり親世帯を対象に５万円（第２子以降は１人につき３万円ずつ加算）の臨時給付を行うための予算を計上しました。ひとり親世帯の中には所得が低い人が多いのが実情ですので、これからも支援を続けていきたいと思っています。２０２０年の本会議の代表質問でも、ひとり親支援にもっと力を入れるべきだということを安倍総理に強く訴えました。

働き方改革は非正規雇用、就職氷河期世代を救えるか

労働者間の格差是正の解消に向けて

田原　実は僕は、人口減少の要因の一つは、正規・非正規問題だと思っているの。なぜかというと、非正規雇用では収入も不安定だから、結婚を考えられないという人も多い。そうなれば子どももつくれない。例えば、30～34歳の正規雇用の男性は既婚率60・1%だけど、非正規雇用は27・1%です（2015年版厚生労働白書）。公明党はこの問題をどう解決しますか？

山口　正規・非正規間には賃金格差などがありますので、それがその後の人生設計に大きく影響し、苦しい思いをしている人もいるはずです。

田原　安倍さんは、同一労働、同一賃金ということを打ち出しているけど、そこで、この問題

がどう解決されるのかということだよ。

山口　「同一労働同一賃金制度」は2020年4月から大企業でスタートしています。職務内容が同じであれば、同じ額の賃金を従業員に支払うという制度で、できるだけ労働者の格差をなくす努力をするということから生まれた制度です。

田原　その制度を使えば、非正規を正規にできますか？

山口　非正規で働いている人全員を一度に正規雇用にするというのは難しいかもしれません。ただ、支援の枠組みはできています。例えば、キャリアアップを望む人には、その準備のための助成金が用意されていますし、非正規の人の基本給を引き上げたり、また、非正規社員を正規雇用したりした事業所には、政府が助成金を支給するなどの取り組みも進められています。

田原　非正規を正規にせよと政府が企業に言えますか？

山口　それは言っていますし、すでに動き出しています。

田原　でも、状況は何も変わらないじゃない。今、労働者の約4割が非正規社員だって言われているんだよ。

山口　始まったばかりの非正規社員の方の待遇改善に向けた取り組みを進めると同時に、就職氷河期世代への支援も併せて行っていかなければなりません。就職氷河期世代の問題も深刻で、こちらはまだ就職していない人が40万〜50万人いると言われています。まずは社会参加を促してさまざまな職業訓練などを通し、技術や知識を身につけていただき、そのうえで就業できるようなサポートを行う。そういう支援をマンツーマンで、きめ細かく行っていこうという取り組みを始めています。

就職氷河期世代への支援が始まる

田原 じゃあ、就職氷河期世代について聞いていきます。

山口 はい。就職氷河期世代の人々の支援に関しては公明党から強く提案をし、石田祝稔《のりとし》政調会長が政府に申し入れをしました。就職氷河期世代の中には無職の人もいますから、正規であれ、非正規であれ、まずは仕事に就けるようにしよう。非正規から脱出したいと考える人には、そのためのキャリアアップの支援をしよう。そういうことを丁寧にやるべきだと考えています。中には引きこもってしまい、社会との接点を持てない人もいるかもしれません。そういう人たちに対しては、少しずつ社会との接点を持てるようにして、いずれ仕事に就けるよう徐々に導いていく。そういう丁寧なアプローチが必要だという提案をして、２０１９年の暮れに、政府の関係省庁の会議で決まった内容に沿った行動計画をつくらせたわけです。きょう、ここに持ってきました。

田原 どれどれ。「就職氷河期世代支援に関する行動計画２０１９」とありますね。

山口 はい。公明党は、予算の措置を取って、３年間ぐらいの基金をつくるよう要求しました。とりあえず、３年分の財源の確保、財源の見通しも含めて、行動計画をつくりました。それで予算を成立させて、２０２０年度にいよいよスタートというところで、ちょうどコロナとぶつかってしまったわけですが。

田原 それは残念だった。期待していた人たちにとっては肩透かしにあったようなものだね。期待していた分、逆に不安が増したんじゃないですか？

山口 おっしゃる通りです。そうした不安や戸惑いを解消しようとして、6月の参議院の決算委員会で公明党の宮崎勝議員が安倍総理に質問をしました。新型コロナウイルスの影響で氷河期世代の就職支援が大変心配されています。これに対して政府として今後どういう支援をしていくのか答えてくださいと。安倍さんの答えは、就職が厳しい環境にあっても、就職氷河期世代の正規雇用を3年間で30万人分増加させるという目標は堅持します。感染拡大の防止にも留意しながら、あらゆる支援策を講じて就業を促進していき、さらに力を入れて取り組みます、という答弁があったわけです。つまり、コロナによって、中断したり、中身を変えたりするわけではなく、従来の計画通り進めていく方針に変わりない、しっかりやるという政府の姿勢を示されたのです。

田原　安倍さんは約束したわけだね。

山口　そうです。先ほどお話ししました基金はつくれませんでしたけど、3年間で約650億円の財源を確保して、就職相談から職場定着まで一貫して支援する専門の窓口をハローワークに設置をすることにしました。そうして、就職氷河期世代支援に関する行動計画を着実に実施していくことに努めていきます。就職氷河期世代の人たち向けの仕事というのは実に多種多様です。そこで、農林水産省、経済産業省、文部科学省といった各役所がそれぞれの分野での人材育成や、新しい雇用の確保など、さまざまな取り組みをしながら応援することを始めています。現場の窓口はハローワークが担当し、ときには各省の担当者が出向き、直接相談を受けるような取り組みも進めていくつもりです。

田原　今、どんな分野でも人手が足りていないからね。

山口　そうなんです。兵庫県宝塚市が氷河期世代限定で正規職員の採用試験を行い話題になりましたが、同様の取り組みは、各地方自治体でも始めているようです。一般企業でも、のちに正規雇用へ切り替えることを前提に臨時社員を採用したりするなど、「就職氷河期世代支援に関する行動計画2019」に沿った取り組みを、とにかく3年間集中してやりましょうということになっています。

田原 3年間だけ？

山口 もちろん、就職氷河期世代の問題が3年で解消すると楽観しているわけではありませんが、集中して取り組むことによって、いろいろな流れができるのではないかと期待しています。まずは3年間やってみて、もし結果が出なければ改善点を探し、一部でも成果が出れば、さらにそれを追求していけばいい。そうやって模索していくことが大事だと考えています。

人も経済も地方へ移す、脱東京作戦

地方を活気づける「地域おこし協力隊」

田原 実は、ここのところ、東京と国がもめています。東京一極集中が起きているため、地方の財政がどこも厳しくなっている。だから、地方は国に金をくれと言う。でも、国は金がないから、東京からふんだくろうとする。石原慎太郎さん、猪瀬直樹さんの時代には4000億円。舛添要一さんの時代には2000億円。さらに今、小池百合子知事に4000億円出せと言っている。そして東京都は反対している。それで国と東京が大ゲンカになっているわけです。衰退する一方の地方をどうすればいいか。地方に議員がたくさんいる公明党の意見を、ぜひ聞きたい。

山口 地方の現実をきちんとつかんで、地方創生に関する意見を発信するのは公明党の一つの役目だと思います。

田原 そう。それが一番強いところだよ。

山口 人口が減っていくことを止められないならば、分散型の社会構造をつくるのはどうでしょうか。決して過疎地を放置しておくというわけではなく、コンパクトシティーと言いますか、いろいろなものをワンストップでサービスできるような地方の拠点、例えば、道の駅などをうまく利用するのも一つの方法だと思います。道の駅で買い物したり、休息したり、食事をしたりすることをはじめ、温泉場であれば、入浴もできて、その近くに銀行の支店や郵便局もあり、自動車修理工場などもある。各地にそういう拠点を増やして、住民の多くがその近くに住むようになれば、地方都市でよく聞かれる、高齢者の移動の足がないという問題も解消することができるのではないでしょうか。もちろん都市部からの人口移転も促進していく必要はありますね。

田原 地方にネットワークを持った公明党ならできると思う。

山口 ありがとうございます。ささやかですが、公明党も地方創生の取り組みは行ってきました。その一つとして、「地域おこし協力隊」に今、力を入れています。都市の若者が地方に行って、その地域の課題を解決するお手伝いするのです。できれば、若者にその地に定住してもらいたいという願いを持って、10年前から取り組んできました。すでに約1000人の若者が全国に行き、そのうちの6割くらいがそれぞれの地域に定住しています。そこで結婚したり、あるいは、仕事をしたりしているんですよ。飲食店を経営している人もいれば、農業や漁業に従事している人もいる。まだまだ細い流れですが、これからもっともっと太く強くしていきたいと考えています。

国内需要を見直すコロナ時代の経済対策

好景気時代の幻影を捨てよ

田原 財政悪化も見逃せない問題ですね。安倍さんは、日銀総裁の黒田東彦《はるひこ》さんと組んで、がんがん紙幣を刷れば、内需拡大すると言いながら、まったく内需拡大しないで、借金ばかり増やしていいます。長期債務が1200兆円。野党も批判をするばかりで、対案がまったく出てこない。公明党は連立与党なんだから、これを何とかすべきじゃないですか。

山口　例えば、ジャパン・アズ・ナンバーワンと言われた頃は、いい製品をつくって輸出すれば、若い優秀な労働力、便利な立地、高い加工技術が手に入り、日本はどんどん発展した。発展するから、一つの企業で終身雇用が保障されて、そこで頑張れば、立身出世して、そこそこの老後を送ることもできました。しかし、アメリカ側にすれば、どうやってこの日本の洪水的輸出を抑えるべきか、そのための策を練るわけですよね。自動車で言えば、環境基準を思い切り厳しくして、輸入障壁を高くする。だけど、日本は技術でそれを乗り越えてきてしまう。業を煮やした末にアメリカが実行したのは、プラザ合意で変動相場制に移行すること。これで日本の競争力を抑え込むことに成功したわけです。

田原　ドル安によって米国の輸出競争力を高め、貿易赤字を減らしたと。

山口　そうですね。このとき、政府が円高を抑えられなかったのが失敗でした。日本は円高不況に陥り、輸出産業は壊滅状態で、特に中小零細企業は見捨てられたと、そういう嘆きが噴出しました。それで日本の中小企業の基盤も脅かされました。しかし、考えてみると、日本も以前は人件費が高いなど、働く側にとっては有利な条件をいくつも持っていたわけです。そこに人件費が安く、安価に製造ができる東南アジアや中国、あるいは、韓国の企業などがどんどん追いついてきた。そうなると、人件費を抑えるため、派遣やアルバイトで雇用を調整するということをやらざるを得なくなり、それが現在の正規・非正規問題を生み出していくわけです。

田原 高度成長期の日本の謳い文句は、大量生産、大量販売だった。ところが、それで破綻しちゃったと。

山口 多国間の競争においては、自由な競争を促すために独占禁止法のような制度を設けて、一つの業界で多くの企業が自由に競争し合うことがいいことで、少ない数の企業がまとまるのは競争力を妨げることになると捉えられてきました。ところが日本では、自動車メーカーにしても、電機メーカーにしても、いくつもの企業が同じような製品をつくり、狭い市場で競い合うというスタイルに、いつの間にかなってしまった。すると、日本企業は国際競争力が低下し、優秀な技術者たちは、競争相手である海外の企業にどんどん引き抜かれてしまう。

田原 つまり、技術が日本から流出していくわけだ。それで、ますます追い上げられる。

山口 しかし、諸外国に目をやると、日本のように生真面目に競争政策に取り組んでいるわけではなく、ひとつの業界で、例えば3、4社を選び出し、そこに集中して支援を行い、技術力を高めて世界と競争して勝ち抜いてきているんです。ですから、日本は古い経営体質から抜け出せず、高度成長期のいいときの上にあぐらをかいて改革を怠ってきたことが、今の経済政策の失敗を招いているのではないでしょうか。

インバウンド需要は全体の2割だった

田原　安倍さんはかつて、「大胆な金融政策」「機動的な財政政策」「投資を喚起する成長戦略」の三つの戦略、いわゆる三本の矢を打ち出した。ところが、一向に成長ができていないですよね。

山口　それは、市場や企業が最も期待した成長戦略がうまくいっていないことにも原因があると思います。結果、内部留保が蓄えられて、それが次の新しい投資になかなか回らないという現状もありますね。

田原　だから、それも問題。今、内部留保が463兆円とか言われていますね。何で内部留保が多いのか。本来ならば、設備投資をするはずなのに、将来性がないから設備投資をしない、設備投資をしないから売り上げが伸びない、もちろん給料も増えない。まったくの悪循環だ。

山口　企業側は、2％にも満たない分の賃上げをし、数字の上では給料が上がったと言っていますけどね。とは言え、それまで仕事に就けない人が非正規でも何とか採用され、非正規だった人に正規雇用の道が開けるなど、雇用も少し良くなったように見えてきた。なのに、これも新型コロナウイルスでストップしてしまいました。

田原　コロナの影響で観光客が激減して、東京オリンピックも延期になりました。インバウンドでの収入を見越して、新設したホテルもたくさんあるのに、結局、稼働していないという話も聞きますね。中には倒産してしまったところもある。日本の消費活動は、かなりの部分、インバウンドに依存していたということが今回明らかになりました。

山口　そういう話はよく聞きます。ただ、これまで外国人観光客によって観光需要は増えましたが、収益の内訳を詳しく分析すると、その中でインバウンドが占める割合は全体の約2割で、残りの8割は日本人の国内旅行が占めているのが実情だそうです。インバウンドの2割が戻ってくるのは、まだしばらく時間がかかると思いますが、8割の人たちがいずれまた旅行するようになれば、観光収入は取り戻せると思います。先日、あるホテルの経営者がテレビのインタビューに答え、これからは旅行のスタイルが変わるだろうという話をしていました。

田原　例えばどんなふうに？

山口　新型コロナウイルス感染予防の意味でも、大人数での団体旅行は少なくなり、少人数の小さな単位での旅行が注目されるようになるだろうと。その分、こぢんまりとした小さな宿泊施設にもチャンスがめぐってくるし、その宿の個性を生かしたもてなしを充実させていけば、むしろそれが売りになり、チャンスに結びつくと、その人は語っていました。私も旅行業界は必ず盛り返せると思っています。

コロナ禍に直撃した豪雨災害への対応

被災地視察で新しい避難様式を確認

２０２０年7月3日夜から九州に線状降水帯が発生、九州各地に激しい大雨をもたらした。熊本県を流れる球磨《くま》川が氾濫して広範囲が浸水。4日には熊本県と鹿児島県に、6日から7日には福岡県、佐賀県、長崎県に大雨特別警報が出された。熊本県内では一時、２０００人以上が避難を余儀なくされるなど、事態は深刻さを増していった。7月9日の時点で、気象庁は進行中の豪雨を「令和2年7月豪雨」と命名。気象庁が進行中の豪雨災害に命名するのは初めてのことである。内閣府の発表によれば、8月7日の時点で、全国の死者は82人、行方不明者4人となっている。

まだ豪雨が続く7月11日、公明党の山口那津男代表は連立与党の党首として、安倍総

雨の中、氾濫した球磨川の状況を視察する山口那津男代表＝熊本県人吉市で。2020年7月11日、公明党本部提供

理に先駆け、また、どの政党の党首よりも先だって熊本県入り。各地で視察を行い、政府が取り組むべきことがらを具体的に明言した。

田原　2020年7月、熊本県を中心に甚大な豪雨被害が出ました。新型コロナウイルスの感染と自然災害が重なることが非常に危惧されていましたが、残念ながら、それが現実になってしまった。

山口　私も熊本県に視察に行きました。八代市坂本町で氾濫した球磨川の轟々《ごうごう》たる流れを目にしたときは、地元の人たちの恐怖はいかばかりだったかと、胸に迫るものがありました。避難された方たちは一様に、命があってよかったと安堵《あんど》する一方で、これからの生活を立て直すことが大変と、不安を隠せない様子でしたね。

田原 被災地の様子はどうでしたか？

山口 人吉市では指定避難場所の人吉スポーツパレスを訪ねましたが、発生から1週間がたったというのに、まだ800人あまりの方が身を寄せていらっしゃいました。高齢者の方が多いので、お体が心配で、人吉市の松岡隼人《はやと》市長には、できるだけ快適な避難生活を送れるようなご配慮をお願いしてきました。

田原 熊本で豪雨災害が起きる前に、各自治体が新型コロナウイルス感染との複合災害に備えて、段ボールのベッドやパーティションの準備をしているということをニュースで見ましたが、今回それは取り入れられたんですか？

山口 はい。各避難所には、段ボールベッドや間仕切りのパーティションがきちんと揃えられていましたよ。季節柄、エアコンも設置され、これまでの災害の経験を教訓に、避難生活を少しでも快適に過ごせるよう、さまざまな取り組みがなされていることを実感しました。これまでは、体育館の床に毛布を敷いて、大勢の人がごろ寝しているような避難所もありましたからね。

田原　新型コロナウイルスが、避難所のようなところでどうやって感染するかをスーパーコンピューターで分析したら、例えば、横になっている人が咳をすると、その飛沫《ひまつ》に含まれるウイルスが一気に床を伝わり、周囲の人にうつしてしまうらしい。

山口　だから、段ボールベッドやパーティションは、避難所には必要なのです。だけど、自治体には予算がない。そこで、第1次補正予算、第2次補正予算ともに地方創生臨時交付金を、都道府県と市区町村と2本立てで合計3兆円盛り込みました。そのうち、1兆円は、特に都市部の新型コロナウイルス感染対策や、事業所の家賃補助などに割り振り、残りの2兆円で、支援物資の備蓄や避難所の確保のために活用してくださいと呼びかけているところです。これまでは体育館など公共施設を利用し、避難所を開設していましたが、交付金があれば、ホテルや旅館を借り切ることもできるわけですよね。

国と地方が連携し、救済ネットワークを構築

山口　避難所生活を少しでも快適にすることは、我々政治家の責務でもあります。避難生活で困ることの一つがお風呂に入れないこと。東日本大震災の被災地に視察に行ったとき、

東京からお風呂のお湯をタンクに入れて風呂おけと一緒に運びますと申し出てくださったボランティアの方がいたんです。ありがたいことだと思ったのですが、はて、それをどこに設置しようかと考えていたら、地元の地方議員さんたちが、温泉場に置けるよう手配してくれたのです。「チーム3000」と呼ばれる地方議員のネットワークが発揮されたところで、それは今回の豪雨災害の支援でも存分に生かされています。

田原　ネットワークの力ですね。

山口　さらに、避難地域では人手が必要になりますので、一時的にマンパワーを集中させなければいけません。例えば、東日本大震災のときには、仙台市に東京都のオフィスをつくり、そこに派遣された東京都の職員が現地で応援業務に携わりました。東京都下の市町村の議員も宮城県や岩手県に派遣され、自治体の業務を担当したこともあります。

田原　東京の議員が地元の職員と一緒に活動したわけですね。

山口　はい。その応援体制が全国ネットで完成したのは2016年の熊本地震のときです。避難所の運営や復旧復興の手伝いはもちろんなのですが、意外と大変なのが罹災《りさい》証明書の発行です。建物が全壊か半壊かで、補助の率や額が違ってきますし、判断するためには現場も確認しなければなりません。しかし、現地に大規模震災に慣れた職員などいないわけですよ。そこで、被災地での応援業務を経験したことのある自治体の職員を被災地に派遣して、支援業務を行います。東日本大震災での経験のある人が熊本に行って業務を手伝う。そういう全国的な職員の派遣システムは、公明党が提唱して作り上げました。それが今回の熊本での豪雨災害の支援にも役立っていると思います。

田原 今後も豪雨災害の被災地に対する政府の支援は続いていきますよね。

山口 もちろんです。国の「防災・減災、国土強靱《きょうじん》化《か》のための3か年緊急対策」が2020年度で終了することになっていますが、政府に来年度以降も継続するよう求めています。これは、7月に行われた全国市長会で、会長の立谷秀清福島県相馬市長から訴えのあったものです。自然災害が多発する現状に立谷市長は、原状復旧ではなく、改良復旧を進め、強い国土をつくるべきだと強く訴えられました。公明党は、立谷市長のその声をしっかりと受け止め、政府に強く求めました。今年の骨太方針（経済財政運営の指針）に、中長期的に防災減災に取り組むとともに、そのための十分な予算を確保することを盛り込ませました。

第6章

公明党が目指す日本

垣根を越えて大衆の中に飛び込む

国民のニーズをつかみ取ることの大切さ

田原　ところで、ずっと聞こうと思っていたんですが、山口さんはいつも胸ポケットに花を挿していますよね。

山口　あ、これですか？

田原　花が好きなんて、ずいぶんロマンチストだなと思っていましたが。

山口　いやいや、私はタンポポとヒマワリぐらいしか知らない花オンチですよ（笑）。新型コロナウイルスの影響で、卒業式や入学式、あるいは、結婚式といったイベントが中止になってしまいましたよね。同時に花の需要がなくなってしまった。そこで、困っている花の栽培農家や花屋さんを助けようと、農林水産省が「花いっぱいプロジェクト」という応援キャンペーンを行うことになったのです。それを聞いて、何か協力できることはないかと考え、ポケットに花を挿すことを思いつきました。

田原　ポケットの中はどういう仕組みになっているんですか？

山口　茎を短く切った花を、水が入った小さなケースに挿してポケットに入れています。最初は、何だかキザすぎて公明党の議員には似合わないんじゃないかなと、一瞬、躊躇しましたけど、いやいや、そうじゃない、気持ちを届けることが大事なんだから、恥ずかしがらないでやろうと決めて、公明党議員のみんなにもできれば被災地の花をと呼びかけました。だから、今、公明党の議員は全員ポケットに花を挿していますよ。

田原　なるほど、これでまた女性の支持者が増えるというわけですね（笑）。山口さんは女性有権者から、「なっちゃん」と呼ばれていますが、それは自分でつけたネーミングですか？

山口　実はそうなんです（笑）。初めて衆議院選挙に立候補したとき、私は37歳で、支持してくださるのは、同世代から上の年代の方がほとんどでした。何とかして、お近づきになりたいと思い、ある後援会での挨拶で、名前は山口那津男です、「なっちゃん」と呼んでくださいと、最初に自己紹介したんですね、すると、街頭演説をやっているときにも、「なっちゃ〜ん」というかけ声が徐々に聞こえるようになってきたのです。

田原　呼び方を変えるだけで、相手に対する印象も変わるからね。

山口　選挙で一番大事なのは有権者とのコミュニケーションです。もちろん、政策や実績を伝えることも大事なんですが、まずは対話をしなければいけないと考えています。みなさんの前に立つと、「なっちゃ〜ん」と声がかかり、「は〜い、ありがとうございます！」と返すことがコミュニケーションの入り口になる。そこから、「みなさんお困りのことはございませんか」とたずねると、「そうそう、聞いてくださいよ」と、自然なやり取りが始まるわけです。そこで相手の話に耳を傾けたうえで、公明党の実績や今取り組んでいること、今後推進していきたいことなどを伝えていきます。すでにコミュニケーションができていますから、みなさん真剣に聞いてくださいますよ。

田原　それはいいね、何ごともつかみは大事だ。

山口　そうですよね。一方的に自分が話し、それをみなさんが黙って聞いているだけの演説では、何も伝わりません。反応がないということは、理解されていないということですから。難しくてよくわからなかったと思われてしまったら、その時点で失敗です。まあ、そういう意味で、有権者の方々に覚えてもらうまで、いろいろな工夫をしました。私が初めて選挙に出た1990年はボージョレ・ヌーボーがはやったときなので、「政界のボージョレ・ヌーボーです、鮮度が大事です！」と訴えたこともありましたよ（笑）。

持続可能な「日本のSDGsモデル」を世界に発信

人間主義の理念を掲げ、地球環境問題に立ち向かう

田原　さて、最後の章になりましたが、今後、公明党は政党として何を目指していくのかについて教えてください。

山口　公明党では、生命、生活、生存を最大限に尊重する人間主義を理念の一つとして掲げています。

田原　ん？　具体的にどういうことですか？

山口　まずは生命についてですが、個人の生きる権利を最大限に保障するため、社会保障から経済活動、さらに趣味や教育などあらゆる自己実現の機会を充実させる政策を広げてい

きます。次に生活。生活に集団は欠かせません。2人以上の家庭も集団ですし、地域、企業、学校と、社会にはいろいろな集団が存在します。それらの集団としての可能性を最大限に広げ、保障していくための政策が大切だと考えています。そして最後が生存。これは人類、地球、あるいは、この宇宙と言ってもいいかもしれません。人類は一つの運命共同体なわけです。気候変動を無視したり、身勝手な国策を続けたりしていれば、いずれ地球環境そのものが破壊され、人類は絶滅してしまう。ですから、そうした大きな視野に立ち、人類の生存を守るための取り組みを行い、そのうえで人間主義を貫いていきます。グローバル企業の利益のためでもなく、一つの国のためでもなく、ある傑出した個人のリーダーのためでもない。やはり、一人ひとりが同じ価値を持って、同じように生存の権利を全うできるような政治を実現したいというのが公明党の理念です。

田原　今、気候変動の話が出ましたが、環境保護についてお聞きしたい。

山口　はい、気候変動対策は、待ったなしのところにきていると思います。2015年9月の国連サミットで、貧困や教育、健康と福祉など、今、国際社会が抱えている課題の解決を共通目標とした「SDGs（エスディージーズ／持続可能な開発目標）」が採択されました。SDGsは、持続可能で、よりよい世界を目指す国際目標とされています。

田原　ＳＤＧｓには、国連に加盟する193カ国が2030年までに達成すべき17項目の目標が掲げられていますね。

山口　人間の安全保障の理念に基づいた「ひと」に焦点を当てるＳＤＧｓの取り組みは、「一人の声を大切に」してきた公明党の姿勢とも合致します。気候変動対策は、ＳＤＧｓの目標の一つに掲げられています。今や気候変動の被害国であり、「ＳＤＧｓ先進国」を目指す日本としては、率先して地球環境を守ることに取り組むべきだと考えています。

田原　地球の温度が2度上がったら、人類は壊滅すると言われていますよね。地球温暖化の最大の原因はCO_2（二酸化炭素）です。CO_2は石炭や石油などの火力発電で排出され、今、日本は、エネルギーの約7割をこれらの火力発電に頼っている。今後、日本はどうすればこのCO_2を減らすことができるんでしょうか。

山口　2019年9月に、長崎県の離島に存在する壱岐《いき》市が日本初の気候に関する非常事態を宣言しました。壱岐市を先頭に、2050年までにCO_2の排出量ゼロを目指すという方針を打ち出す自治体がどんどん増えています。その宣言をした自治体の人口を合計すると、6000万人を超えると言われています。なんと日本の人口の約半分がCO_2の排出量ゼロに取り組んでいるのです。現在、その動きは東京をはじめとした大都市にも広がっています。そうした流れを国もきちんと認識して、CO_2の排出量ゼロを目指す決断をし、動き出すべきだと思います。

田原　それなのに、日本政府は、国内でまだ石炭・火力発電を使い、しかも海外に輸出しようとまでしていますが。

山口　これまでは、日本の石炭・火力発電技術は燃焼効率がよくて、とても優れたものだから、今あるエネルギーを日本の技術を使った石炭・火力発電に置き換えれば、エネルギー効率を上げることができますと、世界に発信してきました。しかし、世界からすれば、もう、そんなことを言っている場合ではなく、石炭・火力発電から脱却して、再生可能なほかのエネルギーに転換すべき時代に突入しているわけです。ただし一方で、今の時点では石炭・火力発電が日本のエネルギー供給の元になっていることも事実です。原発がダウンした分の電気不足を火力発電が補ってきたという現実もあります。今後はエネルギーを安定的に供給することと、環境を守ることの両方が満たされないといけません。CO_2排出量もいきなりゼロにするのは難しいけれど、例えば、2050年にはゼロにするという目標を掲げたうえで、技術開発を進めていくことが必要だと思います。

期待が高まる洋上風力発電

田原　2018年に発表されたエネルギー基本計画では2030年度に実現を目指す再生可能エネルギーの電源構成比率は20～24％で、原発は20～22％であった。となると、25～30基の原発を再稼働しなければならないことになる。そんなのできるわけがない。無責任ですよ。再生可能エネルギーの開発に関しては、公明党から強く政府に言ってほしい。

山口　もちろん訴えています。今年の本会議の代表質問で、公明党は衆議院でも参議院でも、石炭・火力発電の新設は中止し、再生可能エネルギーに転換していくよう提案しました。再生可能エネルギーとして、公明党が今、注目しているのが洋上風力発電です。

田原　でも、風力発電は風が吹かないと発電量が得られないというデメリットがあるんじゃないですか？

山口　確かに風力発電は、常にその点が問題視されますね。しかし、洋上には陸上より強い風が安定的に吹いています。その風力を生かしたエネルギー開発、洋上風力発電など「海洋再生可能エネルギー発電設備の整備に係る海域利用促進法」が2018年の11月、参議院本会議において全員一致で可決、成立しました。洋上は風が強いことに加え、陸上より大きな設備を設置できるということもメリットの一つです。1基当たり、陸上発電の約3倍の発電量規模が望めますし、発電コストも地熱やバイオマスといったほかの再生可能エネルギーに比べ、かなり抑えられることもわかっています。

田原　じゃあ、まずは洋上風力発電に期待しよう。

山口　そうですね。公明党の河野義博参議院議員は、かつて商社のロンドン支社に勤務していて、北海の風力発電の開発を手がけた経験があります。現在、彼は洋上風力発電の開発に力を尽くしてくれています。もう一つ注目しているのが水素です。自然を利用した再生可能エネルギーは天候によって大きな波があります。洋上風力発電が安定的にエネルギーを供給できると言っても、万が一風が吹かず発電できないことがあるかもしれない。それをバックアップするための電力システムを持っている必要があります。現在は石炭・火力発電などで補っていますが、例えば、それを水素に置き換えれば、必要なときに水素から電気エネルギーへの変換も可能なわけですよね。

田原　それは、いつごろから可能になるんですか。

山口　今、どんどん技術開発が進み、一部では、水素ステーションができつつあります。先日、福島県いわき市にある水素スタンドを視察に行きました。そこでは、燃料電池車が水素を積んで、実際に走っていました。まだコストが高いので、運用されているのは一部ですが、徐々に広がっていくはずです。水素は液体に変えられますから、運搬が可能になることも利点の一つ。北海道でつくった水素エネルギーを九州で使うこともできるし、海外に送ることもできるのです。それから、貯蔵も可能ですので、今つくった電力を、1カ月後、1年後、あるいは、数年後に使うこともできる。つまり、エネルギーが時間と空間を超えることができるんですよ。そうした技術開発を通して、再生可能エネルギーにスムーズに移行できるよう、公明党は力を尽くしていきたいと考えています。

ユーザー主体の電力開発を

田原　あとは送電網の整備です。実はこれは問題が多い。大手電力会社が送電網を握っていて、電力小売りが全面自由化されても、新規業者が参入できない。送電網を使用するためには、大手電力会社に託送料金を支払わなければならないという現実があります。

山口　再生可能エネルギーをつくり出す場所について言えば、例えば、風力発電は今、北海道に多く設置されていますが、使うのは大都市が多いので、そこまで運ばなければなりません。ところが、現状では運搬できる容量が少なすぎるので、それを何とかして広げていかなければいけないわけです。

田原 でも、送電網は電力会社が握っているんですよね。

山口 そうなんです。電力業界は、大手電力会社が送電から小売りまでを一貫して手がける地域独占が長く続いているため、自分たちの発電所で発電したものをどう運ぶかということを中心に考え、新しい投資をしたがらない。建前では再生可能エネルギーが大事と言いながら、容量が小さすぎる、コストがかかりすぎるなどと主張し、新規事業者が送電網を使うことを認めようとしないわけです。

田原 そこを公明党が頑張らないといけない。

山口 わかりました。

田原 環境保護やエネルギー運搬、自民党では切り込めない問題がたくさんあるね。

山口 さらに、もう一つの問題は高度成長期に整備した送電線や高圧線が老朽化し、建て替えたり、つけ替えたりする時期に差し掛かっていることです。

田原 でもやっていない。電力会社がいかに怠慢なのかがわかるね。その典型は関西電力ですよ。原発関連工事を発注する見返りとして、歴代会長、社長が賄賂をもらっていた。何だ、あれは。

山口　そのお金は電気を利用したユーザーが支払ったものですからね。それが、町の有力者に渡ったり、あるいは、電力会社の経営者に還元されていたりしたなんて、決して許されることではありませんね。そこは、きっちりけじめをつけなければいけない。

田原　野党がいくら文句を言っても自民党は聞く耳を持たないし、自民党議員たちは文句を言う度胸がない。やっぱり、公明党がちゃんと言ってほしいんだ。

山口　不正に対しては断固闘いますが、電力の供給に関しては、極端な理想論だけを主張しても、先ほど申し上げたように、安定的な供給が損なわれたり、安全性を度外視して事故が起きたりしては困りますから、そこを見失わないようにしながら、技術開発を進めていかなければいけません。再生可能エネルギーを推進する過程で、電力会社同士が供給力や価格の面で互いに競争をすることで、よりよい設備、ユーザーが利用しやすいサービスを開発していけるような環境づくりも、これからの課題だと思います。

公明党が原発再稼働に歯止めをかける

田原　原子力について、自民党には責任者がいない。無責任極まりない。まだまだ課題が残されていますね。

山口　厳格な安全基準をクリアしない限り再稼働は認めませんし、新増設も認めません。この姿勢を貫けば、いずれ原発はゼロになっていくはずです。原発に対しては、東日本大震災が起きる前から、公明党内部で賛否両論ありました。原発は過渡的なエネルギーなので、早い段階で再生可能エネルギーに替えるべきだという声もあったのです。ただ、現状では原発に頼らざるを得ないため、石炭・火力発電などさまざまなエネルギー資源をベストミックスして使い分けながら、徐々に入れ替えていこうと考えていたわけです。

田原　ところが、東日本大震災が起こり、福島原発が壊滅的な被害を受けた。

山口　そうすると、これまで主張してきた、原発はCO_2を出さない優れたエネルギー資源で、コストも安い。しかも、いっぺんに大量の電気をつくるという利点があります、などということは通用しなくなった。あまりにもリスクが大きすぎる。それは福島原発の事故ですべての国民がいやというほど思い知らされた。だからもう、原発の新増設は認めないと、公明党は断言しました。そのため、原発に代わる再生可能エネルギーをもっともっと増やしていかなければいけません。ただ、再生可能エネルギーは出力がまだまだ小さいんですね。だから、いきなり原発に取って代わるというわけにいかないところがあります。そこが今、一番の問題です。

田原 ちなみに山口さん、小泉純一郎さんが総理のときは原発推進だったよね。でも、引退してからは反対。なぜだかわかる？

山口 フィンランドのオンカロを見たのがきっかけとか。

田原 そう、オンカロというのは地下500メートルのところに穴を掘って、そこに使用済み核燃料を埋めるというシステムのこと。そのオンカロを見た小泉さんが担当者に、使用済み核燃料の毒性を抜くのに何年かかるか聞いたら、10万年と言われたそうなんです。

山口 日本にはそのオンカロもない、つくる計画もない、これで原発反対だとなったわけです。

田原 それがわかっていながら、政府が原発再稼働を進めるなんて、矛盾した話ですよね。そう、大問題ですよ。自民党の幹部たちに原発のことを厳しく問うと、「原発は勘弁してください」と言う。

山口　原発はトイレのないマンションと言われているんですよ。つまり、高濃度放射性廃棄物を最終的に処分する仕組みが整っていない。だけど、どんどん発電するから、廃棄物はたまる一方です。原発関係者は一部を再処理して、また燃料として使えると主張していますけどね。

田原　プルサーマル計画ね。使用済み核燃料を再処理して取り出したプルトニウムとウランを混ぜた燃料を、現在の原子力発電所で使う計画ですね。

山口　そうです。だけど、それもなかなか理想通りには進んでいないというのが実情です。日本だけがごり押ししていたら、世界から相手にされなくなってしまいます。いずれにしても原発をエネルギーの主流に置くことはもはや不可能です。

ポストコロナ時代のグローバル化

国際協力がコロナ収束のカギを握る

田原　２０２０年９月に公明党の党大会がありますね。

山口　はい。党の代表の任期も切れますし、役員の入れ替えなども行うつもりでいます。

田原　何がテーマになりますか？

山口　やはり、ポストコロナの時代をどうかたちづくっていくかが一つの大きなテーマになると思います。

田原　僕がポストコロナ対策で、公明党にぜひやってほしいのは、グローバル化です。今、新型コロナウイルスの感染拡大を防ぐため、世界中の国が外国との交流を遮断している。自国に外国人を入れない。これはもう、反グローバリズムですね。もう一つは、海外では国民の命を守るために、非常事態宣言下ではある程度、人権やプライバシーを犠牲にしてもやむを得ないという動きもある。下手をすると、反デモクラシーの空気が広がるんじゃないかと、僕は心配している。

山口　反グローバリズムは問題ですね。感染拡大を抑え込もうとするあまり、日本が孤立するようなことがあっては意味がありませんから。

田原　むしろ、コロナの封じ込めのためには世界各国と協調すべきだよね。

山口　国際協力すればこそ、いろいろな経験を共有できるのですよ。例えば、台湾は感染者数をごくわずかに抑えていますよね。じゃあ、台湾の対応はどこがよかったのか、ほかの国で同じことをするためにはどうすればいいのかなど、お互いに情報交換し、解決策を見つけていくことはとても大事です。海外から注目されている日本のコロナ対策は、クラスター対策を徹底して行ったこと。早く見つけて追いかけて、どんどん治療を受けさせる。そこに予算を投入し、効率的な対応をしていることが一時的な結果につながったとも言われています。ただし、感染者数は今も増加していますから、この先の動きを見ないことには対策が成功したとは言えません。いずれにしても、新型コロナウイルス感染症対策の取り組みを効果的に広げていくには、国際協力は欠かせないものなのです。

田原　その通り。本当は国の代表同士、担当者同士で議論できればいいんだが。

山口　そうですね。現在、多くの国、地域で患者は増え続けている状況ですから、なかなか落ち着いた議論ができないというのも実情です。しかし、閉ざすべきではないというのがこれからの大事な視点だと思います。それから、反デモクラシーに関してですが、今回の緊急事態宣言に関する世論調査を見ていると、ロックダウン（都市封鎖）しなくてよかったという声が多いのです。解除が早すぎたと言う人もいますが、まあまあ、評価されています。ロックダウンしなくてよかったという意見が多いのは、人権を犠牲にしてでも、封鎖してしまえ、そのほうが早く感染がおさまるんだという考え方に対して、日本人は慎重さを持っているということですね。

田原 第1波が起きた頃、「ウィズコロナ」と言い出す人がいて、なぜ「ウィズ」なんだ、なぜ「ゼロ」を目指さないんだと思いましたが。

山口 完全にゼロにするためには、緊急事態宣言を出して、大幅な外出自粛や休業を強いることになりますから、「角を矯《た》めて牛を殺す」、牛の曲がっている角をまっすぐに治そうとして、かえって牛を死なせてしまう、つまりコロナをゼロにしようとして、社会全体を駄目にする結果になりかねません。たとえ、感染しても重症化せず治りますと言えるよう、ワクチンや治療薬を開発し、入院できるだけの十分な病床を用意し、専門医が治療を施せるようにする。そうした安心感があれば、もし感染しても大丈夫だと思えますし、コロナと共存しながら、これまで通りの社会経済活動を行うことができるわけです。そういう社会を目指さなければ、感染症と闘うことはできないと思います。

安定した政治をつくり出す公明党の底力

田原 そこで、ぜひ公明党にうかがいたい。今、世界のリーダーの中には、民主主義なんてばかばかしいと言っているのが大勢いる。トランプ氏、習近平氏、プーチン・ロシア大統領、それから、ブラジルのボルソナロ大統領、メキシコのロペスオブラドール大統領なんかもそう。日本は、幸か不幸か、6回選挙をやって安倍政権が6回とも勝っている。こんなに政権が安定している国は世界にないですよね。

山口 確かにそうですね。

田原 このまま日本は民主主義を守ってほしいと思います。

山口 もちろん、そのつもりです。「Gゼロの世界（国際政治における空白）」を主張した、イアン・ブレマーというアメリカの政治学者と、以前、対談をしたことがあります。彼が言うには、相対的に一番政治が安定しているのは日本であると。アメリカでも中国でもなく、また、それらの国々に強いリーダーシップを期待することもできない世界になってしまったと言うのです。そうした中にあって、政権が安定している日本に世界の協調をつくり出すための役割を果たしてほしい。そのためには、今の連立政権における公明党の働きがとても重要であると、そういうことまでおっしゃっていました。

田原 しかし、安倍内閣が安定しているのは、一つには野党が弱すぎること。アベノミクスの批判はするが、まったく対案を示せない。それと、第2章でも言った通り、小選挙区制のために自民党議員がみんな安倍さんのイエスマンになっている。そのために安倍内閣は森友・加計問題をはじめ不祥事を連発している。本気で文句を言えるのは山口さんしかいない。だから、ぜひ頑張ってほしい。そして、今度の党大会ではポストコロナ時代、世界はどうあるべきかというテーマを打ち出してほしい。

山口 わかりました。今、政務調査会にポストコロナのためのチームをつくって、検討を始めたところですので、ぜひ加えさせていただきます。

誰もが平等に幸せを享受できる社会へ

田原 コロナの影響で、いろいろなものがストップしてしまいましたが、復活の道はあるんでしょうか。

山口　確かに一時的に落ち込んでいますが、これですべてが駄目になったわけではありません。観光も経済も、それから雇用も状況を見ながら少しずつ元に戻るよう、公明党も努力していくつもりです。もし、その過程に不安要素があるとすれば、それを安定したものに変えていく、それが広い意味での、ポストコロナ時代に目指すべき政策だと思っています。公明党はこれまで、政治の安定を確保して、中長期的に重要な課題に挑戦をしてきました。社会保障の基盤もだいぶ整えられたと思います。今後も2040年から2050年の間にやってくると言われている少子高齢時代のピークに焦点を合わせて、いろいろな課題を解決していきたいと考えています。

田原　政府の働き方改革に対してはどう対応する？

山口　かけ声だけが先行しているという批判もありますが、今後は、長時間労働を抑制して、同一労働、同一賃金を徹底させていきたい考えです。それから、女性の働く場所の確保、就職氷河期世代への援助、さらに高齢でも働きたい人は働けるような労働環境整備を行っていきます。日本国憲法に、国民主権、基本的人権の尊重、平和主権が謳われているように、誰もが平等な権利を得て、平和を享受できるような社会にしていきたいと思います。そのためには誰もが平等に働く場所と機会を得られるようにすべきなのです。

田原　憲法にあるから守るんじゃなく、守らなきゃ日本は生きていけない。

山口　そうです、日本には資源がありません。だから、人が資源なのです。国民のみんなで頑張って、ここまで上げてきた生活水準を維持していくためには、世界と協調し、かつ協力し合わなければいけません。仲間をたくさん増やし、争わない。しかし、言うべきことは言う。日本はそういう力をつけていかなければならないのです。

田原　それが日本の外交スタイル。

山口　はい。そうして外交や安全保障を進めていきたいと思います。政権においては、一つの党では安定多数を確保できない時代になりました。その中にあって、公明党には政治を安定させる役割があると思っています。連立政権で重要なのは、粘り強い対話で合意をつくり出すことです。与党の間ではもちろんですが、野党も含めて、合意をつくり出すためには、粘り強さは必要です。パフォーマンスで強権的な力で果断に突破していこうという姿勢を見せたとしても、それを実際に行使してしまえば、政治は混乱してしまいます。連立政権において、粘り強い対話で合意を形成する力を、これからも公明党は発揮していきたいと思っています。

国民に寄り添い、リアルな声に耳を傾ける

若者の意見から政策ができることもある

山口　若い人のニーズをつかむために、公明党は、ユーストークミーティングというものを全国で開催しています。若手の国会議員や市町村の議員が地域の若い世代、30代半ばまでの男女を30〜40人ほど集めて、ざっくばらんなトークを展開するのです。私も出席したことがありますが、実にいろいろな意見が出ます。例えば、不妊治療を受けたいけど、費用が高すぎてできない、だから、公的支援をしてほしいという声が、男性からも女性からも普通に出るんです。我々にはそうした声を受け止め、政策として実現させる責任があります。それが、２００４年、少子化社会対策大綱として実を結びました。5年ごとに改定され、２０２０年は5月29日に閣議決定されました。その中には、例えば、児

童手当の厚みを増すこと、不妊治療の公的支援をさらに充実させることに加え、これまでのさまざまな取り組みを見直し、不足しているところに力を入れようということが示されています。

田原　少子化に歯止めをかけることにもつながるわけだ。

山口　そうです。こうした取り組みは、どれか一つを実行すれば、一気に効果が出るというわけではなく、常に改良しながら、新しい課題を加えながら、努力を重ねていくことが必要です。不妊治療を例に取れば、今、子どもを産み育てることを希望する人が、それを躊躇する要因を一つひとつ解消していくという試みを継続的にすべきです。少子化対策に力を入れることは、社会保障の将来の担い手を確保することなのです。これを放置すれば、出生率が下がり、ひいては、社会保障の担い手が減ることにつながっていくのです。

田原　山口さんが会合に顔を出してくれたら、参加した人たちは心強いだろうね。

山口　参加者にそう思ってもらえたらうれしいですね。ほかにも、ボイス・アクションという街の人の声を聞く取り組みもしていますよ。ユーストークミーティングで出た意見に対し、街の人はどう思うのか、実際に意見を聞いていくのです。今、お話しした不妊治療の公的支援拡充をはじめ、携帯電話の料金引き下げなど、ニーズが多かった項目を大きな紙に書き出し、若い人に「この中で一番実行してほしいものは何ですか?」と聞いて、希望する項目にシールを貼ってもらい、その数の多さで優先順位をつけるのです。池袋の駅前や新宿の駅前などの繁華街で行います。私も池袋でやったことがあります。その結果を持って、若手議員とアンケートを実施した主催者の若者と一緒に、安倍総理に申し入れに行きました。それを見て、安倍さんは、「ほお、今の若い人はこういうことを望んでいるんだ」と興味深そうに見ていました。何しろ、本当の生の声ですからね。

田原 安倍さんは、そんな声を聞いたことないだろうからね。

山口 そうかもしれませんね。意見を「見える化」すれば、リアルな声を受け止め、さらにそれを政治に届けることができます。そうすれば、政策がより具体的に、多くの人に役立つものになりますから。これからも公明党は、そうした若い人たちが望む政策の見える化の実現に取り組んでいくつもりです。自分たちの声が政府に届いて、しかも希望していたことが実現するとわかれば、もっと若者の政治参加意識が高まっていくと私は受け止めています。

未来につなぐ安心と希望にあふれた社会

新しい時代のあるべき姿を次世代に継承

田原　山口さんは政治家になって、もう30年が経ちましたか。

山口　はい、１９９０年初当選ですから、落選していた頃も含めると、政治経歴としては、長いほうになりましたね。細川護煕政権で初めて与党を経験しましたが、あのときは、まあ、見習いみたいなものでしたし、長くは続きませんでした。その後、また野党になり、落選も経験し、今、自公連立政権で、党の代表を務めさせていただいている。振り返ってみると、激変と紆余曲折の歴史ですよ。

田原　今、おいくつになられましたか？

山口　今年で68歳になりました。

田原　お若いですねえ。

山口　いやいや、ありがとうございます（笑）。

田原　健康のために何かやられていますか？

山口　とにかく暴飲暴食をしない。生活のリズムをなるべく規則的に保つようにすることぐらいでしょうか。それから、5分から10分くらいの短い時間を活用して、例えば、つま先立ちや、今、はやりのスクワットをやるとか。あ、朝、起き抜けに深呼吸をした後、ミニラジオ体操をしています。

田原　ミニ？　何でミニなんですか（笑）。

山口　フルコースでやっている時間がないんですよ。膝の屈伸、腰の前屈、あるいは、体を回す、短時間でもこういうことをひと通りこなすと、体が動くようになるんです。とは言え、毎日、朝から晩までハードワークをこなすことに対しては、少々しんどさを感じるようになりました。働き方は少しずつ緩やかにしていってもいいのかなと思っています。ただし、私の経験や知恵はまだまだ役に立つと思いますので、これからは、若い人を育てることに意欲を持って臨みたいと考えています。

田原　党としては、今後どういうところに力を入れていきますか？

山口　新しい公明党のあり方を確立させることと、それを後輩に伝えていくことに、今、一番力を入れています。特定の分野に対し主張するということではなく、国民生活のあらゆることに対して責任を持たなければいけないと、自分にも、まわりにも言い聞かせています。議席数が少ないとはいえ、公明党は自公連立政権の担い手であるという強い自負がありますし、その点は世界からも注目されていると感じます。日本のドメスティック政党にとどまらず、世界と交流するための道を開いていかなければなりません。これまでも少しずつではありますが、主要な国との交流を積極的に進めてきました。中国とは伝統的に強いパイプがありますし、韓国とも同様のネットワークがあります。同盟国であるアメリカをはじめ、ロシア、インド、トルコに加え、ミャンマーとも対話を深めてきました。それから中南米。長年内戦の続いていたコロンビアがいよいよ内戦をやめて、和平合意を結ぼうとしていたとき、地雷除去機の支援をしようという目標を持って、コロンビアを訪問しました。そうした次なる時代を見据えた世界との交流を、公明党は一歩一歩やってきたつもりです。その流れをぜひ、若い世代に引き継いでいきたいですね。

ネットワークこそ公明党が誇る力

田原　国内ではどういった活動に注目していきますか？

山口　自公連立政権の中における公明党の独自性や役割を明確にすることです。それはやはりネットワークの力です。これは、他の政党にはない公明党だけの強みだと思います。国会議員だけいても政策は成立しません。やはり、都道府県から市区町村まで、そこにいる地方議員たちが相互にコミュニケーションをはかりながら進めることで、初めて立体的な政策づくりができるのです。そのためには、国民の声に敏感でなければなりません。現場を大事にしなければなりませんし、さらに、リアルな声を聞いて、それを形にするための実力を備える必要もあります。同時に、客観的な目も持たなければなりません。その目があって初めて、ネットワークの動きは妥当か、現実的な中身を伴っているか、そして、きちんと国民のために作用しているかといったことが判断できるのです。それらすべてを備えていることは公明党が誇っていいところではないかと思っています。

田原　とにかく、自民党は〝安倍イエスマン〟が多くて議論らしい議論が起きない。本当に公明党に頑張ってほしい。

山口 そうかもしれませんね。自民党は、地域社会において国会議員も地方議員も一緒になって、何かの課題に取り組むという経験がないんですよ。人脈はあるけれども、党としての一体性というものは必ずしも発揮されていないように感じます。

田原 野党はどう?

山口 野党に対しては、なおさらそれを感じます。国会の質問でも、現場のリアルな声を聞いたわけではなく、新聞報道を引き合いに出したり、労働組合で出た提案をそのまま引用してみたり。要するに、自分の目と耳と足でつかんだものを表現しようという文化があまり存在しないんですね。共産党は地域に根を張ってはいるけど、国政で与党になった経験がありませんし、どちらかと言えば、批判をエネルギーにして党勢を拡大するという党風のため、どうしても国民政党にはなり切れないわけです。

田原 そこで公明党の出番となる。

山口 はい。長年の歴史と信用があり、地方にも根を張って、リアルな国民の声を受け止めてきた。しかも、与党としてそれを政策にも反映できる政党は公明党しかありませんし、日本の行政から見ても、そういう機能を持っているところはほかにはないと思います。

国際社会も公明党の役割や価値をしっかり認識してくれています。だから、国会議員が60人に満たない政党であっても、諸外国で遇してもらえるのだと思います。公明党の役割は、これからも日本の政治には必要なものです。後輩もその伝統を守り、しっかり一貫性を持ち、さらに磨いていってほしいと思っています。

田原　公明党は自民党のブレーキ役を果たすとともに、地方と国をつなぐ大事な役割を担っている。これからも、国民の望むことに真摯《しんし》に取り組んでいただきたい。公明党の働きに期待しています。

おわりに——山口那津男

30年ほど前、田原総一朗さんと初めてお会いしたときに感じた、〝怖い人〟という印象はその後も変わらず、今回のように一対一で真っ向勝負の対談をするなど、自分には序ノ口が横綱に取り組むようなものだと思えてなりませんでした。どんな鋭い切り込みをされるかわからないぞ、と尻込みしていたのですが、それでは自分自身の見識は広がらない。たとえ、突き倒されても、うっちゃりされても、土俵に上がり、勝負する姿を見せるべきだ。そう思い、今回の対談の書籍化をお引き受けすることにしたのです。

私自身は、政治家の二世でもなければ、身内に政治と関わった人物がいるわけでもない、ごく普通の庶民でした。それが、先輩の神崎武法さんの誘いがあり、また、「出たい人より、出したい人を」という公明党の方針にありがたくも押し出され、政治家の道を歩むことになりました。政治家にならなければ、あまり難しいことに自ら首を突っ込むことなく、個人としての人生を楽しめたかもしれません。

しかし、それではどこかに悔いが残る。政治家になる前、弁護士という職業を選んだのも、仕事を通して他人や世の中、特に弱い立場の人、困っている人の役に立ちたいと願ったからです。それが自分の存在意義であり、生き方の幅を広げることにつながると思っていました。どんな立場であれ、志を持てば、自分の存在がどこかで誰かの役に立ち、いい意味での影響を残せるのではないか。そういう生き方をしたいと願ってきたことの延長に、政治家としての道があるような気がしています。

最初から望んだわけではありませんでしたが、1990年に初当選してからは、あっちにぶつかり、こっちに転びしながら、必死に歩んできました。ところが、やらざるを得ないと腹を括ると、火事場のばか力と言いますか、思わぬエネルギーが出てくることがあるものです。そうして、もがき苦しみながら取り組んだことで、国民のみなさんから、助かった、あれをやってもらって本当によかったという声をいただいたときの喜びは、何ものにも代え難いものです。

田原さんは公明党の歴史の中で、特に与党に参画するようになってからの動きに興味をお持ちで、細川護熙政権以後、大きな出来事に直面したときの節目ごとに、公明党のあり方について問いかけられました。当事者としてリアルに体験したことについては、丁寧に説明させていただきました。私自身の歴史で言えば、代表に就いて10年になりますが、その前には、選挙制度の変更によって自分自身の議員としての足場が大きく揺らぎ、力至らず落選するなど、非常に辛い経験もしました。議員経験の浅さを補うべく、右も左もわからぬままに突き進んでいた時代もあります。そうした過程を今回、田原さんとの対談を通し、改めて振り返ることができました。いくつもの挫折も体験しながら、私が政治家としてどう歩んできたか、本書を通して少しでも感じ取っていただけたらうれしく思います。

公明党は任期中に69歳を超える場合、あるいは在任期間が24年を超える場合は原則公認しないという、いわゆる定年制を設けています。ただし、本文でもお話ししたように、三つの条件を満たせば例外が認められ、私はすでにその例外になってしまいました。今思うのは、残る代表の任期を全うできるよう全力を尽くすこと、ただそれだけです。この先、誰が代表に就いても、党ならではの役割を引き継ぎ、後輩とも同じ目標を共有しながらチャレンジし続けてくれることを願っています。

公明党は国会議員も地方議員も区別なく、誰もが一兵卒。代表の目標は1年生議員の目標でもあるし、衆議院も参議院もみな同じです。それは結党から約50年が過ぎた今も、公明党の政治姿勢としてぶれずに保たれています。時が経つにつれ、その分、ネットワークの力が強化され、実績を重ねたことで、「平和の党」「福祉の党」と言われる公明党のブランドイメージも広がってきたと思います。これからも、そうした取り組みは強化していくつもりです。それが、多くの方の理解と期待、さらには支持につながると信じています。

２０２０年はコロナ禍への対応をめぐり、これまでになく政治が注目された年です。そうしたときに、長年政治と向き合ってこられた田原さんの、率直かつ厳しい問いかけに答える機会を得たことは、非常に貴重な経験となりました。本書が、今の政治、あるいはこれからの日本や世界について考える、ささやかなヒントになれば幸いです。

本書の出版にあたっては、毎日新聞出版図書第二編集部の峯晴子さんと編集協力者の阿部えりさんに格別のお世話になりました。コロナ禍の渦中での作業となりましたが、田原さんとの対談場所の設定など、感染防止策を徹底して準備に当たってくれた公明党広報部スタッフの諸君にも感謝いたします。

（２０２０年初秋）

公明党関連・社会の出来事年表

年月日	出来事
1961年11月27日	公明政治連盟（公政連）結成
1964年10月10日	**東京夏季オリンピックが開幕**
11月9日	佐藤栄作内閣発足
11月17日	公明党結党
1965年7月4日	公明党初の参議院選挙（第7回）で11人が当選
7月23日	東京都議会議員選挙で公明党は23人全員当選
1967年1月29日	公明党初の衆議院選挙（第31回）で25人が当選
1968年4月1日	千葉県市川市と新潟県三条市で「児童手当」制度がスタート
9月1日	「在日米軍基地総点検」が各地でスタート
1971年5月21日	公明党が推進した、政府提出の「児童手当法」が成立
6月15日	第1次公明党訪中団が出発。28日に周恩来総理と会談
1972年2月3日	**札幌冬季オリンピックが開幕**
5月15日	**沖縄の施政権が正式に日本に返還**
7月7日	田中角栄内閣発足
9月25日	田中角栄総理、大平正芳外務大臣が訪中。毛沢東中国共産党主席と周恩来総理との日中首脳会談を行う
9月29日	「日中共同声明」に調印。日中国交正常化が実現
1974年12月9日	三木武夫内閣発足
1976年10月3日	公明党が「国民福祉中期計画（生きがいとバイタリティーのある福祉社会トータルプラン）」を発表
12月24日	福田赳夫内閣発足
1978年8月12日	日中両政府、「日中平和友好条約」に調印
12月7日	大平正芳内閣発足
1980年7月17日	鈴木善幸内閣発足
1982年11月27日	中曽根康弘内閣発足
1984年3月28日	男女雇用平等法、パート労働法の早期制定などを求める50万人以上の署名を公明党が衆参両院議長に提出

1985年**9月22日** **G5(日本・アメリカ・イギリス・西ドイツ・フランスによる先進5カ国蔵相・中央銀行総裁会議)が、過度なドル高の是正を目的に外国為替市場での協調介入、協調行動に合意(プラザ合意)**

1987年11月6日 竹下登内閣発足

1989年**1月8日** **「平成」に改元**

4月1日 消費税法が施行され、消費税率3%導入

6月3日 宇野宗佑内閣発足

8月10日 海部俊樹内閣発足

1990年8月2日 イラク軍がクウェートに侵攻

1991年1月17日 アメリカ軍主体の多国籍軍がイラクへの空爆を開始、湾岸戦争が始まる

2月28日 多国籍軍への90億ドル支援を盛り込んだ第2次補正予算案と湾岸平和財源法案を自民、公明、民社の3党で衆議院可決。その後、資金を追加し最終的には130億ドルを拠出

3月5日 公明党の国会議員有志による湾岸問題現地調査団が出発

4月7日 第12回統一地方選挙前半戦。都道府県議選では160人(推薦1人含む)が当選し、結党以来、初めて47都道府県議会すべてで公明党議席が揃う

11月5日 宮沢喜一内閣発足

12月25日 **ソ連崩壊**

1992年5月5日 公明党カンボジア訪問団が出発

6月15日 PKO(国連平和維持活動)協力法が成立

1993年8月9日 8党派連立による細川護熙内閣発足。公明党・国民会議から4閣僚が就任

1994年4月28日 羽田孜内閣発足。公明党から6閣僚が就任

6月30日 自民、社会、さきがけの3党連立による村山富市内閣発足。公明党は野党に

11月5日 公明党全国大会で「分党・2段階」方式で新・新党に参加する方針を承認

12月5日 公明党の分党方式が正式決定。新進党に先行参加する「公明新党」、地方議員と一部の参議院議員で構成する「公明」が結党

12月10日 新進党結党、公明新党が参加

1995年**1月17日** **阪神・淡路大震災が発生**

7月23日 第17回参議院選挙で新進党が40人当選し、躍進を遂げる

1996年1月11日 橋本龍太郎内閣発足

10月20日 第41回衆議院選挙。小選挙区比例代表並立制での初の総選挙となり、新進党は156人が

当選
1997年4月1日 消費税率を5%に引き上げ
11月24日 山一證券が自主廃業。金融機関の破綻が相次ぐ
12月27日 新進党両院議員総会で解党を決定。旧公明党勢力は「新党平和」と「黎明クラブ」をそれぞれ結党
1998年1月18日 「公明」に「黎明クラブ」が合流
2月7日 長野冬季オリンピックが開幕
7月30日 小渕恵三内閣発足
10月12日 金融再生法が成立
11月7日 「公明」と「新党平和」が合流し、新生公明党が結党。神崎武法代表、浜四津敏子代表代行、冬柴鐵三幹事長の体制でスタート
1999年7月7日 自民・公明党首会談が行われ、自民党から公明党に対し、連立政権への参加が要請される
10月5日 自民党、自由党、公明・改革クラブの自自公連立政権が発足
2000年4月1日 自由党が連立政権を離脱
4月5日 森喜朗内閣発足
2001年4月26日 小泉純一郎内閣発足
9月11日 アメリカ同時多発テロ

2003年3月20日 イラク戦争が勃発
11月19日 第2次小泉内閣発足、自公連立政権がスタート
12月9日 イラク復興特別措置法に基づく自衛隊派遣に関する基本計画を閣議決定
12月16日 神崎代表らがイラク視察へ出発。クウェートを経由し、イラク南部サマワを視察
2004年9月27日 第2次小泉改造内閣発足。公明党から北側一雄氏が国土交通大臣に就任
2005年5月9日 首都圏の鉄道9社で女性専用車両が一斉導入
8月8日 参議院本会議で郵政民営化法案が否決。小泉総理が衆議院を解散（郵政解散）し通常国会閉幕
9月11日 第44回衆議院選挙で、自民党が296議席を獲得。公明党は31人が当選
10月14日 郵政民営化法が成立。持ち株会社の下で郵便、窓口、郵便貯金、郵便保険に4分社化される
2006年4月27日 公明党がチャイルドファースト（子ども優先）社会の構築を目指す「少子社会トータルプラン」を決定
9月26日 安倍晋三内閣発足。公明党から冬柴氏が国土交通大臣に就任

2007年9月26日	福田康夫内閣発足
2008年**9月15日**	**アメリカ大手証券会社リーマン・ブラザーズ経営破綻。「リーマン・ショック」と呼ばれる金融危機が始まる**
9月24日	麻生太郎内閣発足
2009年3月10日	日経平均株価、バブル崩壊後の最安値7054円を記録
9月8日	公明党臨時全国代表者会議で山口那津男氏が代表に就任
9月16日	鳩山由紀夫内閣発足。民主、社民、国民新の連立政権がスタート
2010年6月8日	菅直人内閣発足。民主、国民新の連立政権がスタート
11月21日	公明党訪韓団が出発。22日に李明博大統領と会談
2011年**3月11日**	**東日本大震災が発生**
9月2日	野田佳彦内閣発足
2012年2月10日	復興庁が発足
6月9日	公明党の山口代表らが政党として初めて東京電力福島第1原子力発電所を視察
6月15日	社会保障と税の一体改革で、民主、自民、公明3党が合意
8月10日	社会保障と税の一体改革関連法が成立
12月16日	第46回衆議院選挙。自民党が294議席を獲得して圧勝し、政権交代へ。公明党は31人が当選
12月26日	第2次安倍内閣発足。自公連立政権がスタート。公明党から太田昭宏氏が国土交通大臣に就任
2013年1月22日	公明党訪中団が出発。25日に習近平総書記と会談
3月14日	**習近平氏を国家主席・国家中央軍事委員会主席に選出**
5月24日	マイナンバー法が成立
9月8日	公明党訪米団が出発。9日にキッシンジャー元国務長官と会談
2014年1月5日	公明党訪印団が出発。7日にシン首相と会談
4月1日	消費税率を8%に引き上げ
5月15日	安倍総理の私的諮問機関「安全保障の法的基盤の再構築に関する懇談会」が集団的自衛権に関する報告書を総理に提出
7月1日	安全保障法制の整備について閣議決定
11月17日	公明党結党50年
2015年5月14日	平和安全法制の関連法案を閣議決定。公明

党が集団的自衛権の行使に厳格な歯止めをかける

10月7日　第3次安倍改造内閣発足。公明党から石井啓一氏が国土交通大臣に就任

10月7日　公明党訪韓団が出発。8日に朴槿恵大統領と会談

10月13日　公明党訪中団が出発。15日に習近平国家主席と会談

2016年1月19日　公明党青年委員会が政策アンケート「ボイス・アクション」の実施を発表

4月14日　熊本地震の前震が発生。16日に本震が発生する

5月11日　公明党青年委員会、「ボイス・アクション」の集計結果を安倍総理に報告。年初からの回答数が1000万人を突破

5月27日　オバマ氏が現職のアメリカ大統領として初めて被爆地・広島を訪問

8月30日　中南米に初の公明党訪問団が出発。9月2日にコロンビアのサントス大統領（同年にノーベル平和賞受賞）と会談

11月8日　アメリカ大統領選挙でドナルド・トランプ氏が初当選

11月16日　無年金者救済法が成立。年金受給資格期間を25年から10年に短縮。施行は2017年8月

2017年9月12日　公明党訪露団が出発。14日にゴルバチョフ元ソ連大統領と会談

11月22日　公明党訪韓団が出発。23日に文在寅大統領と会談

11月30日　公明党訪中団が出発。12月1日に習近平国家主席と会談

2018年4月27日　板門店で南北首脳会談

6月12日　シンガポールで史上初の米朝首脳会談

6月13日　改正民法が成立。成人年齢を20歳から18歳に引き下げ。施行は2022年4月

6月29日　働き方改革関連法が成立。時間外労働の上限規制や同一労働同一賃金の推進などが盛り込まれる

2019年5月1日　「令和」に改元

5月10日　改正子ども・子育て支援法と大学等修学支援法が成立。幼児教育・保育の無償化、大学など高等教育の無償化を明記

6月30日　板門店で米朝首脳会談。トランプ氏が現職のアメリカ大統領として初めて軍事境界線

を越え、**北朝鮮側に足を踏み入れた**

9月11日　第4次安倍再改造内閣発足。公明党から赤羽一嘉氏が国土交通大臣に就任

9月22日　トルコに初の公明党訪問団が出発

10月1日　消費税率10％に引き上げ。軽減税率を導入。幼児教育・保育の無償化が開始

12月21日　公明党訪緬団が出発。23日にアウン・サン・スー・チー国家最高顧問兼外相と会談

2020年1月9日　世界保健機関（WHO）が、中国で新種のコロナウイルスが発生した可能性が高いことを発表

1月23日　新型コロナウイルス感染拡大が続く中国・武漢市を封鎖

1月29日　民間チャーター機による現地在住日本人の帰国が始まる

2月3日　横浜港にイギリス船籍の客船、ダイヤモンド・プリンセス号が帰港。5日に船内で新型コロナウイルス感染者を確認

2月27日　新型コロナウイルス感染拡大防止のため、安倍総理が全国の小中高校、および特別支援学校の一斉臨時休校を要請

3月9日　中国・韓国に対する入国制限措置を発令

3月24日　**新型コロナウイルスの世界的流行に伴い、2020年夏に開催予定の東京オリンピック・パラリンピックの延期が決定**

3月25日　**第5世代移動通信システム（5G）がサービス開始**

4月7日　新型インフルエンザ等対策特別措置法に基づく「緊急事態宣言」を7都府県に発令

4月16日　緊急事態宣言の対象地域が全国に拡大

5月25日　全国で緊急事態宣言が解除

7月4日　**熊本県と鹿児島県で豪雨災害が発生。各地に次々と大雨特別警報が発令された**

7月11日　公明党の山口代表が豪雨災害の続く熊本県を視察

7月22日　旅行代金の最大35％が補助される「Go To トラベル」キャンペーンが全国（東京都民、東京発着の旅行は除外）でスタート

田原総一朗（たはら・そういちろう）

1934（昭和9）年、滋賀県生まれ。1960年、早稲田大学卒業後、岩波映画製作所に入社。1963年、東京12チャンネル（現・テレビ東京）に開局の準備段階から入社。1977年、フリーに。テレビ朝日系「朝まで生テレビ！」「サンデープロジェクト」でテレビジャーナリズムの新しい地平を拓く。1998年、戦後の放送ジャーナリスト1人を選ぶ城戸又一賞を受賞。早稲田大学特命教授と「大隈塾」塾頭を務めた（2017年3月まで）。「朝まで生テレビ！」（テレビ朝日系）、「激論！クロスファイア」（BS朝日）の司会をはじめ、テレビ・ラジオの出演多数。著書に『創価学会』『脱属国論』（井上達夫氏、伊勢﨑賢治氏との共著）（いずれも小社）、『戦後日本政治の総括』（岩波書店）、『日本人と天皇　昭和天皇までの二千年を追う』（中央公論新社）、『日本の戦争』（小学館）ほか多数。

山口那津男（やまぐち・なつお）

1952（昭和27）年7月12日、茨城県生まれ。水戸第一高校、東京大学法学部卒。弁護士。東京都葛飾区在住。1990年に衆院初当選（当選2回）し、2001年から参院議員（4期目）。防衛政務次官（細川護熙内閣）、参院行政監視委員長、党政務調査会長などを歴任し、2009年9月より党代表。愛称は、なっちゃん。座右の銘は「至誠一貫」（国民に対して誠実を貫き通す）。「人の痛みを分かち合うところから、すべてが始まる」と、人の話にじっくり耳を傾け、親身に相談に乗る。その振舞いは、弁護士時代から一貫して変わらない。ライフワークとして、紛争後も住民の命や手足を奪う「地雷」の除去支援や、子爆弾を散布し無差別に人を殺傷する「クラスター弾」の全廃、離島支援や学校耐震化、東京大気汚染訴訟の全面解決などに尽力。国会論戦での緻密な論理と独自の調査を基にした鋭い追及により、「政界きっての論客」と言われる。

公明党《こうめいとう》に問《と》う この国《くに》のゆくえ

印刷　2020年9月10日
発行　2020年9月20日

著者　田原総一朗《たはらそういちろう》
山口那津男《やまぐちなつお》

発行人　小島明日奈
発行所　毎日新聞出版
〒102-0074 東京都千代田区九段南1-6-17 千代田会館5階
営業本部 03(6265)6941　図書第二編集部 03(6265)6746

印刷・製本　中央精版印刷

ISBN978-4-620- 32651-1